Zürich, 21.12.00

Ernst Abegglen

mit herzlichem Dank
für die gute Zusammen-
arbeit.

Hans-Peter

GLAUBWÜRDIGKEIT
DIE GRUNDLAGE UNTERNEHMERISCHEN DENKENS UND HANDELNS

Prof. Dr. Jean-Paul Thommen

Versus · Zürich

Die Deutsche Bibliothek – CIP-Einheitsaufnahme
Thommen, Jean-Paul:
Glaubwürdigkeit :
die Grundlage unternehmerischen Denkens und Handelns
/ Jean-Paul Thommen.
[Zeichn.: Michael Wyss] – Zürich : Versus, 1996
ISBN 3-908143-27-6

Das Werk einschliesslich aller seiner Teile ist urheberrechtlich geschützt. Jede Verwertung ist ohne Zustimmung des Verlags unzulässig. Dies gilt insbesondere für Vervielfältigungen, Übersetzungen, Mikroverfilmungen und die Einspeicherung und Verarbeitung in elektronischen Systemen.

© Versus Verlag AG, Zürich 1996

Umschlagbild und Zeichnungen: Michael Wyss · Zürich
Satz und Herstellung: Versus Verlag · Zürich
Druck: Comunecazione · Bra
Printed in Italy

ISBN 3 908 143 27 6

Vorwort

Diese Arbeit ist aus wissenschaftlicher Neugierde und dem inneren Bedürfnis entstanden, sowohl dem Praktiker wie auch dem Wissenschaftler zu zeigen, wie unternehmungsethische Probleme angegangen werden können:

- Dem **Praktiker** soll eine Hilfe gegeben werden, wie er sich im rauhen wirtschaftlichen Wettbewerb ethisch verhalten kann und soll, um eine Unternehmung langfristig erfolgreich zu führen. Im Mittelpunkt der Betrachtung steht der langfristige **Stakeholder-Value** und nicht der kurzfristige Shareholder-Value.
- Dem **Wissenschaftler** wird eine Interpretation der normativen Basis der Betriebswirtschaftslehre gegeben, welche Ausgangspunkt für eine vernünftige Betrachtung betriebswirtschaftlicher Probleme sein kann, wenn die Betriebswirtschaftslehre einen Beitrag zur Lösung realer Probleme leisten will.

Ausgehend vom Kriterium der Glaubwürdigkeit wird versucht, mit dem neu entwickelten Konzept der **Glaubwürdigkeitsstrategie** einen formalen Bezugsrahmen zu schaffen, der diesen Anforderungen gerecht wird. Im Sinne einer praxisorientierten Forschung wurde darauf geachtet, ein einfaches, aber nicht zu vereinfachendes Konzept zu entwickeln, das verständlich und übersichtlich ist, trotzdem aber die für eine Problemlösung wichtigsten Aspekte und Elemente enthält.

Mein Dank gilt einmal mehr dem Versus-Team – das sind Anne Buechi, Marcel Fäh, Judith Henzmann, Urban Tscharland und Tobias Zimmermann – sowie Nannette Sewing, meiner Mitarbeiterin an der European Business School, welche die nötige Nervenstärke bewiesen, mit einem sehr anspruchsvollen, (selbst-)kritischen, mit (beinahe) unleserlicher Schrift korrigierenden, ungeduldigen Autor zusammenzuarbeiten.

Jean-Paul Thommen

Inhaltsverzeichnis

Kapitel 1: Unternehmerisches Handeln und Anspruchsgruppen **11**
1.1 Unternehmung als Teil eines Systems 11
    1.1.1 Von der Kundenorientierung zur umfassenden
            Umweltorientierung 11
    1.1.2 Soziale Verantwortung und Unternehmungsethik 12
    1.1.3 Konsequenzen für das Management 16
            1.1.3.1 Ganzheitliches Denken 17
            1.1.3.2 Langfristiges Denken 18
            1.1.3.3 Dynamisches Denken 20
            1.1.3.4 Zusammenfassung 21
1.2 Anspruchsgruppen 21
    1.2.1 Bestimmung der Anspruchsgruppen 21
    1.2.2 Bestimmung von Ansprüchen 23
    1.2.3 Zusammenfassung 25
1.3 Konzepte und Strategien zur Berücksichtigung von Anspruchsgruppen . 28
    1.3.1 Issues Management, Crisis Management,
            Public Affairs Management 28
    1.3.2 Strategien (Verhaltensweisen) gegenüber Anspruchsgruppen 31
    1.3.3 Anforderungen an das Management 36

Kapitel 2: Glaubwürdigkeitsstrategie und ihre Elemente **41**
2.1 Glaubwürdigkeit der Unternehmung 41
    2.1.1 Begründung der Glaubwürdigkeit 41
    2.1.2 Glaubwürdigkeit als Leitmotiv 43
    2.1.3 Glaubwürdigkeitsstrategie 44
2.2 Kommunikatives Handeln 45
    2.2.1 Interpretation der Kommunikation 45
    2.2.2 Gestaltung der Kommunikation (Kommunikationskonzept) 50
    2.2.3 Öffentlichkeitsarbeit 53
        2.2.3.1 Merkmale der Öffentlichkeitsarbeit 53
        2.2.3.2 Corporate Identity-Strategie 54
        2.2.3.3 Prinzipien der Öffentlichkeitsarbeit 56
        2.2.3.4 Zusammenfassung 59
2.3 Verantwortliches Handeln 60
2.4 Innovatives Handeln 63
    2.4.1 Ziele und Arten von Innovationen 63
    2.4.2 Optimale Voraussetzungen für Innovationen 66
2.5 Glaubwürdigkeitsmatrix als Instrument
    zur Evaluation der Glaubwürdigkeit 68

Kapitel 3: Implementierung einer Glaubwürdigkeitsstrategie **73**
3.1 Einleitung 73
3.2 Institutionelle Massnahmen 78
    3.2.1 Ethikkodex 79
        3.2.1.1 Inhalt eines Ethikkodexes 79
        3.2.1.2 Beurteilung des Ethikkodexes 81
        3.2.1.3 Zusammenfassung 84
    3.2.2 Unternehmungskultur 86
        3.2.2.1 Bedeutung der Unternehmungskultur 86
        3.2.2.2 Unternehmungskultur und Unternehmungsethik 89
    3.2.3 Strukturelle Massnahmen 91
        3.2.3.1 Einleitung 91
        3.2.3.2 Ethik-Institutionen 92
    3.2.4 Personelle Massnahmen 95
    3.2.5 Zusammenfassung 96
3.3 Ethik-Programm 96
    3.3.1 Einleitung 96
    3.3.2 Probleme bei der Implementierung eines Ethik-Programmes 98
    3.3.3 Fallstudie Boeing 101
        3.3.3.1 Einleitung 101
        3.3.3.2 Ethik-Programm der Boeing 102
        3.3.3.3 Erfolgsfaktoren 105

Kapitel 4: Fallstudie Johnson & Johnson **109**
4.1   Johnson & Johnson 109
4.2   Entstehung, Entwicklung und Implementierung des Ethikkodexes 110
    4.2.1   Entstehung 110
    4.2.2   Weiterentwicklung und Implementierung 113
    4.2.3   Dezentralisierung und Ethikkodex 115
    4.2.4   Ursachen für den Erfolg des Credo 116
4.3   Realisierung einer Glaubwürdigkeitsstrategie 118
    4.3.1   Tylenol-Krise 1982 118
        4.3.1.1   Ausgangslage 118
        4.3.1.2   Kommunikatives Handeln 119
        4.3.1.3   Innovatives Handeln 121
        4.3.1.4   Verantwortliches Handeln 121
        4.3.1.5   Resultate 123
    4.3.2   Tylenol-Krise 1986 124
        4.3.2.1   Ausgangslage 124
        4.3.2.2   Kommunikatives Handeln 125
        4.3.2.3   Verantwortliches Handeln 126
        4.3.2.4   Innovatives Handeln 127
        4.3.2.5   Resultate 128

Literaturverzeichnis **129**

Autorenverzeichnis **141**

Stichwortverzeichnis **145**

Der Autor **149**

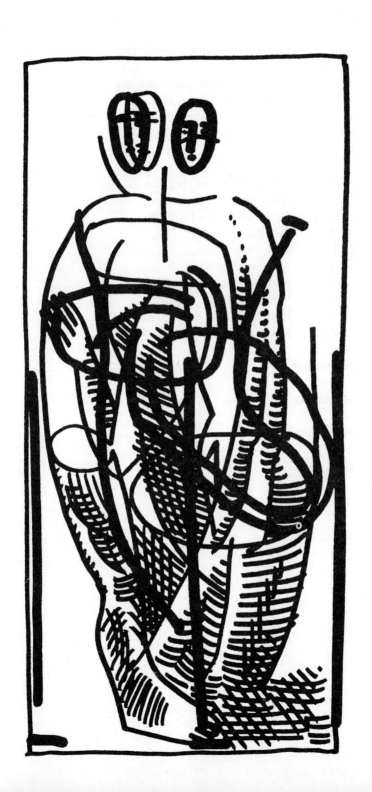

Kapitel 1

Unternehmerisches Handeln und Anspruchsgruppen

1.1 Unternehmung als Teil eines Systems

1.1.1 Von der Kundenorientierung zur umfassenden Umweltorientierung

Seit den siebziger Jahren genügt es nicht mehr, wenn sich eine Unternehmung nur auf die Bedürfnisse der effektiven und potentiellen Abnehmer ausrichtet. Wirtschaftliches Handeln geschieht nicht im luftleeren Raum. Das Handeln von Unternehmungen betrifft die Qualität des Lebens anderer Institutionen und Menschen. Will eine Unternehmung langfristig überleben, so hat sie sich der Auswirkungen ihrer Handlungen bewusst zu sein. Sie darf ihre Umwelt nicht beherrschen, sondern muss mit ihr zusammenzuleben. Es ist Lutz (1983, S. 10) zuzustimmen, wenn er in diesem Zusammenhang sagt:

> «Der Mensch hat nicht die Möglichkeit, das System zu beherrschen, weil er damit zumindest sich selbst und möglicherweise auch die Welt als Ganzes zerstören würde. Vielmehr muss er nach einem optimalen Weg einer symbiotischen Ko-Evolution mit seiner Umgebung suchen. Infolgedessen muss er einen höheren Grad von Rationalität entwickeln, indem er die langfristigen Konsequenzen seines Handelns für das Gesamtsystem in Rechnung stellt und seine Prioritäten und Fähigkeiten dementsprechend entwickelt. Das wäre das Ende des heute noch vorherrschenden Gegensatzes zwischen Ökologie und Ökonomie.»

Die zunehmende Bedeutung der Auswirkungen des Verhaltens von – vor allem grossen – Unternehmungen auf die Gesellschaft in wirtschaftlicher, politischer, technischer, kultureller und sozialer Hinsicht sowie auf die Natur machten diese

Unternehmungen immer mehr zum Gegenstand der öffentlichen Diskussion und des öffentlichen Interesses. Deshalb bezeichnet P. Ulrich (1977) Grossunternehmungen als quasi-öffentliche Institutionen.[1]

Als Teil eines übergeordneten Systems hat die Unternehmung somit nicht nur bestimmte Rechte, die ihr zugesprochen werden, sondern auch – und dies in ihrem eigenen Existenzinteresse – bestimmte Pflichten zu übernehmen. Diese Pflichten hat sie sowohl gegenüber den unmittelbar betroffenen Gruppen (wie beispielsweise Mitarbeitern, Konsumenten, Kapitalgebern) als auch gegenüber den nur mittelbar betroffenen Gruppen der Gesellschaft wahrzunehmen.[2]

1.1.2 Soziale Verantwortung und Unternehmungsethik

Diese Umweltorientierung führte zu einer neuen Denkhaltung, die mit dem Begriff soziale oder gesellschaftliche[3] Verantwortung («Social Responsibility») umschrieben wird. Nur auf das Marketing bezogen spricht man vom «Gesellschaftsorientierten Marketing» bzw. vom «Societal Marketing».[4] Meissner (1986) spricht in diesem Zusammenhang von der «Humanisierung des Marketing».

Über den Inhalt und Umfang einer **sozialen Verantwortung** (Social Responsibility[5]) einer Unternehmung besteht Unklarheit bzw. eine grosse Meinungsvielfalt,[6] wie die Beispiele von Umschreibungen in ▶ Abb. 1 belegen.[7] Auch Kreikebaum (1987, S. 1903) stellt fest, dass die Auffassungen im Rahmen des strategischen Managements über den Inhalt und das Ausmass der sozialen Verantwortung des Unternehmens weit auseinandergehen. Einigkeit besteht im wesentlichen nur

---

1 Vgl. auch McMahon (1986, S. 182).
2 Hoffman (1984, S. 261): «The fundamental obligation of a corporation is not to its owner but to its ultimate creator and judge – society.» Vgl. dazu auch Brummer (1983), der diese Positionen einander gegenüberstellt.
3 Es wird in dieser Arbeit keine Unterscheidung zwischen sozialer und gesellschaftlicher Verantwortung gemacht, da die Begriffe in der Literatur meistens synonym verwendet werden. Allerdings ist Dyllick (1989, S. 86) beizustimmen, dass der Begriff «gesellschaftlich» vorzuziehen wäre, «weil ‹sozial› im Deutschen auch im Sinne von ‹auf Menschen bezogen› oder ‹human› wie im Falle von ‹Sozialpolitik› oder ‹soziale Einstellung› verwendet wird», was aber in der Regel mit sozialer Verantwortung nicht oder zumindest nicht nur gemeint ist.
4 Vgl. dazu Kotler (1988, S. 88), Krulis-Randa (1986a), Wehrli (1981, S. 21ff.).
5 Vgl. Reder (1995).
6 Stroup/Neubert (1987) zeigen verschiedene Phasen in der (historischen) Entwicklung des Gedankens der sozialen Verantwortung auf (vgl. auch die Kritik von Anderson 1987). Dyllick (1986, S. 374ff.) zeigt die Entwicklung in Deutschland und in den USA auf. Vgl. auch Schröder (1978, S. 42ff.), der auf die Uneinheitlichkeit von Begriffen und Definitionen eingeht.
7 Für eine Abgrenzung der Social Responsibility von der Corporate, Moral and Legal Responsibility vgl. De George (1986b).

> «Today managers must also consider and weigh the legal, ethical, moral, and social impact and repercussions of each of their decisions.» Daraus ergibt sich eine soziale Verantwortung für drei Bereiche: «1. Total compliance with international, federal, state, and local legislative laws and acts; 2. Moral and ethical standards and procedures under which the firm will operate; and 3. Philanthropic giving.» (Anderson 1986, S. 22)
>
> «For a definition of social responsibility to fully address the entire range of obligations business has to society, it must embody the *economic, legal, ethical,* and *discretionary* categories of business performance.» (Caroll 1979, S. 498)
>
> «Social responsibility is the obligation of decision makers to take actions which protect and improve the welfare of society as a whole along with their own interests.» (Davis/Blomstrom 1975, S. 39)
>
> *«Corporate Social Responsibility:* Discernment of specific issues, problems, expectations and claims upon business organizations and their leaders regarding the consequences of organizational policies and behavior on both internal and external stakeholders. The focus is upon the *products* (= consequences; Anm. des Autors) of corporate action.» (Epstein 1987, S. 107)
>
> «The analysis of the concept of corporate responsibility involves primarily normative and analytical inquiry into the middle range of questions posed in business ethics, the range of questions dealing with the formulation and implementation of corporate policies, goals, and constraints.» (Goodpaster 1983, S. 3)
>
> «Corporate Social Responsibility (CSR) is defined as a function of four different elements: Law, Intent, Salient Information, and Efficiency.» (Moser 1986, S. 70)
>
> «The social responsibility of business is a substantial part of this social contract. It is the set ‹of generally accepted relationships, obligations and duties› that relate to the corporate impact on the welfare of society. What becomes ‹generally accepted› is likely to be different for any two societies and is also likely to be different of any society over time.» (Robin/Reidenbach 1987, S. 45)
>
> *«Social Responsibility* is the performance (or non-performance) of activities by a private enterprise without the expectation of direct economic gain or loss for the purpose of improving the social well-being of the community or one of its constituent groups. These activities are generally recognized by society as beneficial to the well-being of society.» (Schreuder 1978, S. 74)

▲ Abb. 1   Soziale Verantwortung

darin, «dass es über die Eigentümer und Kapitalgeber hinaus weitere Interessenträger gibt, die bestimmte Ansprüche an das Unternehmen stellen.» Und Feldmann/Kelsay/Brown (1986) haben aufgrund einer Untersuchung, in der sie die in der Harvard Business Review seit 1940 erschienenen Artikel zum Thema der «sozialen Verantwortung» analysierten, auch in der Literatur einen Wechsel in der

Interpretation der sozialen Verantwortung festgestellt. Feldmann/Kelsay/Brown (1986, S. 95) sprechen in diesem Zusammenhang von einem Wechsel in der Management-Verantwortung von einer «Role Responsibility» zu einer «Moral Responsibility»:

- «The concept of role responsibility indicates that the manager is answerable to the claims of the stockholders for the corporation's interest, survival and flourishing. This claim imposes a duty on the manager to perform those actions which will enhance the welfare of the corporation.»
- «The concept of moral responsibility ... focuses on the manager's answerability to the claims of members of society, consumers, and labor. In this concept, there is an obligation for the manager to answer the claims of persons affected by company policies, whether in or outside the corporation.»

Aufgrund der vielfältigen Verwendung des Begriffes «Corporate social responsibility» versuchte Sethi (1975) einen eindeutigen Bezugsrahmen zu schaffen und unterschied drei Dimensionen der sogenannten «Corporate social performance»:[1]

1. **Social Obligation:** Dieses Verhalten ist definiert als «Corporate behavior in response to market forces or legal constraints» (Sethi 1975, S. 60). Es ist deshalb vor allem dadurch gekennzeichnet, dass es sich an den traditionellen ökonomischen Kriterien und den rechtlichen Rahmenbedingungen ausrichtet, obschon die Einhaltung dieser Kriterien noch nicht die fortdauernde Existenz der Unternehmung garantieren.
2. **Social Responsibility:** Diese Verantwortung «implies bringing corporate behavior up to a level where it is congruent with the prevailing social norms, values, and expectations of performance.» (Sethi 1975, S. 62) Es unterscheidet sich vom ersten Konzept wie folgt: «While the concept of social obligations is proscriptive in nature, the concept of social responsibility is prescriptive in nature.» (Sethi 1975, S. 62)
3. **Social Responsiveness:** Diese Sichtweise geht davon aus, dass eine Unternehmung nicht primär auf Druck von aussen reagieren sollte, sondern sich überlegen sollte, «what should be their long-run role in a dynamic social system.» (Sethi 1975, S. 63) Deshalb ergibt sich folgende Differenzierung zum Konzept der Social Responsibility: «While the social-responsibility-related activities are prescriptive in nature, activities related to social responsiveness are anticipatory and preventive in nature.» (Sethi 1975, S. 64)

---

[1] Vgl. auch das detaillierte Schema bei Sethi (1975, S. 63), in welchem er diese drei Dimensionen nach verschiedenen Kriterien charakterisiert. Für eine weitergehende Analyse des Postulates einer gesellschaftlichen Verantwortung vgl. Dyllick (1989, S. 86ff.), Kilpatrick (1985, S. 493ff.), der auch auf Walton Bezug nimmt, die sich bereits 1967 ausführlich mit diesem Thema auseinandergesetzt hat (vgl. Walton 1967, S. 18), sowie Goodpaster (1983), Sohn (1982) und Wilbur (1982).

«Applied business ethics embraces patterns of business conduct that are accepted as good within the particular environment where they are applied.» (Arthur 1984, S. 322)

«Business ethics is any systematic attempt to integrate models of moral problem solving with practical moral dilemmas in business.» (Cooke 1986, S. 261)

«The field is defined by the interaction of ethics and business. From its largest perspective its object is the study of the morality and immorality as well as the possible justification of economic systems.» (De George 1987, S. 204)

«*Business ethics* concerns the systematic, value-based reflection by managers, traditionally individually but increasingly in collective settings on the moral significance of personal and organizational business action and its consequences for societal stakeholders. *Moral reflection* is central to the business ethics concept.» (Epstein 1987, S. 104)

«*Gegenstand* einer zu entwickelnden *Unternehmensethik* sollten besonders drei Bereiche sein: eine Normenanalyse, eine Wirkungsanalyse und eine Verantwortungsanalyse. In der *Normenanalyse* sind die Beziehungen zwischen den möglichen einzelwirtschaftlichen Zielen und ethischen Grundnormen herauszuarbeiten. ... Während die Normenanalyse eher formallogischer Art ist, sollten in einer *Wirkungsanalyse* die *empirischen Konsequenzen* einer Berücksichtigung von ethischen Normen bei einzelwirtschaftlichen Entscheidungen untersucht werden. ... Schliesslich besteht eine wichtige Aufgabe der Unternehmensethik in der *Analyse des Verantwortungsproblems der betrieblichen Entscheidungsträger.*» (Küpper 1988, S. 331 f.)

«Unternehmensethik ist die Gesamtheit der durch dialogische Verständigung mit den Betroffenen begründeten bzw. begründbaren Normen, die von einer Unternehmung im Sinne der Selbstbindung verbindlich in Kraft gesetzt werden, um die konfliktrelevanten Auswirkungen des Gewinnprinzips bei der Steuerung der Unternehmensaktivitäten zu begrenzen.» (Steinmann/Oppenrieder 1985, S. 174)

«Das Grundthema der Unternehmungsethik ist nicht mehr und nicht weniger als die Begründung einer neuen, im guten Sinne zeitgemässen und realitätsnahen Konzeption betriebswissenschaftlicher Vernunft.» (P. Ulrich 1987, S. 413)

«Unternehmungsethik soll als eine wissenschaftliche Lehre derjenigen idealen normativen Orientierungen verstanden werden, die in der Marktwirtschaft zu einem friedensstiftenden Gebrauch der unternehmerischen Handlungsfreiheit anleiten sollen; in diesem Sinne soll Unternehmungsethik genauerhin als prozessuale Orientierungshilfe dazu auffordern, dass in jedem Einzelfall, wo die Steuerung der konkreten Unternehmungsaktivitäten nach den Regeln des Gewinnprinzips und des geltenden Rechts zu konfliktträchtigen Auswirkungen führt oder führen könnte, in dialogischer Verständigung zwischen den unternehmensintern und -extern Betroffenen begründete bzw. begründbare materiale und prozessuale Normen festgelegt werden, die das Unternehmen im Sinne einer Selbstverpflichtung für sich in Geltung setzt.» (Löhr 1991, S. 251)

▲ Abb. 2   Definitionen der Unternehmungsethik

Mit der Social Responsiveness stellt sich nun die Frage, nach welchen Regeln und Normen sich eine Unternehmung verhalten soll, d.h. die grundlegende Frage, welche Ethik eine Unternehmung bzw. ihre Mitarbeiter ihrem Handeln zugrunde legen sollen.

Wie ◄Abb. 2 zeigt, ist man sich in der Literatur sowohl über die zu behandelnden Probleme als auch über die anzuwendenden ethischen Kriterien einer Unternehmungsethik ziemlich uneinig.[1]

Allerdings taucht bei der Beantwortung der Frage nach einer Unternehmungsethik das Problem auf, ob eine solche Ethik möglich ist, die nicht die Wettbewerbsfähigkeit einschränkt und damit die Existenz der Unternehmung gefährdet. Oder mit anderen Worten: Eine gute Ethik darf nicht so beschaffen sein, dass sie zu einem reinen Selbstzweck erhoben wird, ohne die (wirtschaftliche) Realität zu berücksichtigen. Auf der anderen Seite darf sie aber nicht Mittel zum Zweck werden; es wäre gefährlich, eine instrumentelle Ethik zu entwickeln. Ziel muss es sein, nach einer Ethik zu suchen, die unter ethischen Gesichtspunkten Sinn macht, d.h. die ein gutes, gerechtes und vernünftiges Handeln ermöglicht, mit der aber gleichzeitig wirtschaftliches Handeln (nicht aber unbedingt *jedes* wirtschaftliche Handeln) möglich ist. Damit wird die Ethik nicht zum Instrument, sondern zur Bedingung, selbst wenn unter Berücksichtigung dieser Ethik ein höherer finanzieller Gewinn erzielt wird.

1.1.3 Konsequenzen für das Management

Aufgrund der sozialen Verantwortung und des damit verbundenen neuen unternehmerischen Rationalitätsverständnisses – einer **sozioökonomischen Rationalität**[2] – ergeben sich verschiedene Anforderungen und Herausforderungen an die Unternehmung bzw. an deren Führungskräfte. Es sind dies das ganzheitliche, das langfristige und das dynamische Denken und Handeln.[3]

---

[1] Zur Unternehmensethik vgl. auch Hoffman/Frederick (1995), Staffelbach (1994), P. Ulrich/Thielemann (1992), P. Ulrich (1990b), Steinmann/Löhr (1991), Ruh (1991), Müller-Jentsch (1993), Steger (1992), Homann/Bolem-Drees (1992), Ziegler (1992), Krupinski (1993), Treviño/Nelson (1995), Albach (1992), Wittman (1994), Spiegel (1992), Enderle (1993).

[2] Im Gegensatz zu einer rein technischen oder ökonomischen Rationalität. Vgl. dazu Thommen (1996c, S. 455).

[3] Vgl. auch Wiedmann (1985, S. 151 ff.), der folgende Leitideen zur Richtschnur erfolgreicher Unternehmensführung erhebt: (1) situatives Denken und kritische Reflexion bestehender Paradigmen, (2) ganzheitliches bzw. systemisches Denken, (3) organisches Denken und Abkehr vom Rationalitätsmythos, (4) langfristiges bzw. antizipatives Denken, (5) Flexibilität und Innovationsfähigkeit, (6) Gratifikationsorientierung und das Prinzip der sozialen Verantwortung, (7) aktive Chancenorientierung, (8) Potentialorientierung, (9) Engpassorientierung und das Postulat des Gleichgewichtsmarketing bzw. Konflikthandhabungs-Management.

1.1.3.1 Ganzheitliches Denken

Unternehmerisches Denken und Handeln muss sich durch eine ganzheitliche Betrachtungsweise auszeichnen.[1] Ganzheitlich heisst in diesem Sinne einerseits die Berücksichtigung der Ansprüche und Erwartungen verschiedener Personen, Gruppen und Institutionen und andererseits die Berücksichtigung verschiedener Aspekte eines unternehmerischen Problems.[2] Ein praktisches Managementproblem zeichnet sich nämlich selten nur durch eine Dimension aus.[3] Technische, finanzielle, soziale, politische, kulturelle und ethische Aspekte sind beispielsweise solche Merkmale zur Charakterisierung betriebswirtschaftlicher Probleme. Gerade die zunehmenden Nebenwirkungen (Externalitäten) wirtschaftlichen Handelns und der Technik erfordern eine solche Betrachtungsweise und somit ein vermehrtes ganzheitliches Denken, weil damit nicht nur rein ökonomische oder naturwissenschaftliche Gesichtspunkte angesprochen werden.[4]

Ganzheitliches Denken und Handeln bedeutet aber immer auch, dass **Zielkonflikte** entstehen. Die Berücksichtigung mehrerer Anspruchsgruppen bringt mit sich, dass deren Ansprüche nicht immer übereinstimmen, aber so gut wie möglich in Übereinstimmung gebracht werden müssen.[5] Dabei ist folgendes zu beachten:

- Diese Zielkonflikte haben zur Folge, dass der Unternehmer einerseits eine Gewichtung der verschiedenen Ansprüche und Ziele vornehmen muss,
- andererseits aber die endgültige Lösung so formuliert und abgestimmt werden muss, dass sie immer noch von allen Beteiligten akzeptiert werden kann, auch wenn sie nicht sämtliche Bedürfnisse aller Gruppen voll zu befriedigen ver-

---

1 Wiedmann stellt fest, dass die Forderung nach ganzheitlichem Denken statt einer isolierend-abstrahierenden zusammenhanglosen und reduktionistischen Sichtweise inzwischen zum Kernbestandteil aller modernen Managementkonzeptionen geworden ist, am nachhaltigsten wohl im Systemansatz (Wiedmann 1985, S. 151). Für eine praxisorientierte Darstellung einer ganzheitlichen Betrachtung mit Hilfe des Systemansatzes vgl. H. Ulrich/Probst (1988). Vgl. auch Krauer (1987, S. 10), der ganzheitliches Denken am Beispiel der Chemie fordert und zeigt.
2 Natürlich können diese beiden Punkte nicht immer sauber voneinander getrennt werden, da eine Interessengruppe meist einen spezifischen Aspekt vertritt.
3 Pasquier-Dorthe (1987, S. 428ff.) zeigt in diesem Sinne die Faktoren, welche die Komplexität unternehmerischer Entscheidungen ausmachen. H. Ulrich (1982, S. 148) sagt dazu mit Recht, dass «Unternehmungsführung in erster Linie Komplexitätsbewältigung» sei. Von Moos (1988, S. 20) betont dies speziell für die Ethik.
4 Vgl. Koslowski (1987, S. 7).
5 Krulis-Randa (1986b) zeigt dies am Beispiel des Marketing bzw. der Konsumentenbefriedigung: «Marketing strebt nach der Verwirklichung des Tausches, einerseits durch das Schaffen der Beziehung zwischen den zwei Polen des Marktes und andererseits durch die Überwindung der Divergenzen, die zwischen den in Beziehung stehenden Partnern bestehen.» (Krulis-Randa 1986b, S. 430)

mag. Enderle (1987, S. 115) stellt in diesem Zusammenhang zu Recht fest, «dass es um so schwieriger ist, Verantwortung wahrzunehmen, je komplexer die Entscheidungssituation ist und je weitreichender die Handlungsfolgen sind.
- Auch muss die gewählte Lösung immer noch derart sein, dass sie die Existenz der Unternehmung nicht gefährdet bzw. die Wettbewerbskraft nicht schwächt.

1.1.3.2 Langfristiges Denken

Als zweites wesentliches Merkmal unternehmerischen Denkens und Handelns ist das langfristige Denken zu nennen. Langfristig heisst in diesem Zusammenhang «für immer» oder «für nicht absehbare Zeit». Doch warum ist langfristiges Denken so wichtig?

- Die meisten Unternehmungen (insbesondere Grossunternehmungen) haben als Ziel die **Existenz** auf unbeschränkte Zeit.[1] Dies bedeutet die Erhaltung der (natürlichen) Lebensgrundlagen, denn ohne Ressourcen und Leben sind auch keine Unternehmungen mehr möglich bzw. notwendig,[2] und die Berücksichtigung verschiedener Interessengruppen, um von diesen akzeptiert zu werden und damit die gesellschaftliche Legitimation für wirtschaftliches Handeln zu erhalten. Damit erhält die Unternehmung sozusagen eine Lizenz zur Benützung von kollektiven Gütern (wie z.B. von Rohstoffen, Luft, Wasser, aber auch von staatlichen Infrastrukturen).[3] Bei einem kurzfristigen Denken spielen diese Überlegungen hingegen keine bzw. nur eine untergeordnete Rolle. Oder wie es Fasching (1981, S. 64f.) ausdrückt:

> «Only the manager who successfully ensures the survival of the corporation has the luxury of being concerned about the larger social issues which the business community might effectively address.» Interessant ist in diesem Zusammenhang Faschings These, dass diese spezielle ethische Verantwortung vor allem den grossen Unternehmungen zukommt: «Unlike the small business operation whose energies are likely to be taken up with the short-term concerns of survival, the conglomerate and multinational corporation, through diversification or through the vertical and horizontal integration of businesses, are capable of achieving a high degree of stability. This enables management to consider not just the

---

1 Das ergibt sich vielfach aus der Rechtsform (AG) bzw. wird aus den Statuten ersichtlich (vgl. z.B. Ciba Geigy AG) oder wird auch von den Führungskräften immer wieder betont (vgl. z.B. Frehner 1989).
2 Für eine ausführliche philosophische Begründung der Erhaltung des natürlichen Lebensraumes vgl. Jonas (1984, insbesondere S. 26ff.).
3 Vgl. auch Hoffmann (1987, S. 91ff.), der von der Bestandssicherung als oberstem Ziel ausgeht und daraus die Bedingungen des Überlebens formuliert (nämlich Anpassungsfähigkeit sowie das Erreichen ökonomischer und sozialer Ziele).

short-range implications of policy, but the long-range and broader impacts of actions on society. Nine times out of ten, the essence of a moral decision is choosing to sacrifice a short-range good to accomplish a long-range greater good. Only the large, well-managed corporation has the luxury of making those kinds of decisions.»

- Ein weiterer Aspekt langfristigen Denkens ist die Tatsache, dass viele unethische Massnahmen und Entscheidungen sich sehr langfristig auswirken können. Wird zum Beispiel eine unethische Handlung begangen, so wird es in extremen Beispielen Jahre, wenn nicht Jahrzehnte dauern, bis das Vertrauensverhältnis zwischen Kunde und Unternehmung oder bestimmten gesellschaftlichen Gruppen und der Unternehmung wieder hergestellt ist.
- Umgekehrt erfordert ein langfristiges Denken und Handeln oft auch Entscheidungen und Massnahmen heute, die sich erst viel später auszahlen werden (z.B. Umweltschutzmassnahmen). Sie müssen aber heute getätigt werden, weil es morgen zu spät sein kann.[1] Kurzfristiges Handeln hat sich somit in den Dienst langfristiger Überlegungen zu stellen, auch wenn dieser Weg kurzfristig manchmal beschwerlicher und – ebenfalls kurzfristig gesehen – weniger erfolgreich erscheint. Oft ist es auch so, dass das Management auf Ereignisse und Situationen sofort reagieren muss, die mit einem grossen, offensichtlichen Handlungsdruck verbunden sind. In einem solchen Moment der Gegenwart eine langfristige Perspektive einzunehmen und sich nicht zu einer (nur) kurzfristig erfolgreichen Aktion verleiten zu lassen, erfordert nicht nur ein visionäres Denken, sondern oft auch grossen unternehmerischen Mut.[2]

Johnson (1986, S. 173) nennt mehrere Gründe, warum es für Manager schwierig ist, langfristig zu denken und zu handeln. Dies ist immer dann der Fall, wenn

- institutionelle Investoren kurzfristige Resultate sehen wollen (damit auch sie für ihr Geschäft ein positives Resultat ausweisen können),
- eine solche langfristige Strategie ein Unternehmen anfälliger für eine Übernahme (Takeover) macht,
- ein Bonus für das Management allein von den jährlichen Gewinnen abhängig gemacht wird.

Langfristiges Denken und Handeln ist auch deshalb nicht immer einfach, weil eine Zukunftsbetrachtung oder -prognose immer mit Unsicherheit behaftet ist. Genauso wie es manchmal schwierig ist, im voraus zu bestimmen, welchen Gewinn eine Entscheidung oder eine Handlung bringt, kann oft erst im nachhinein

---

[1] Von Moos (1988, S. 21) betont aus der Sicht der Praxis ein ethisch hochstehendes Verhalten gegenüber den Mitarbeitern (und auch Geschäftspartnern), wenn man eine langfristige Sichtweise verfolgt.
[2] Vgl. Murray (1986, S. 113), der auf diese Problematik im Rahmen der Formulierung einer Unternehmungsstrategie eingeht.

gesagt werden, ob eine aus ethischer Einsicht getroffene Entscheidung oder ausgeführte Handlung auch das gewünschte Resultat gebracht hat. Je besser es einer Unternehmung aber gelingt, die langfristigen Auswirkungen ihres Verhaltens zu erkennen, um so gefeiter wird sie vor unliebsamen Überraschungen sein. Dies wird gerade von erfolgreichen Unternehmungen immer wieder hervorgehoben.

In diesem Zusammenhang kann festgehalten werden, dass eine langfristige Perspektive häufig ethische Überlegungen enthält[1] und umgekehrt eine ethische Perspektive oft ein langfristiges Denken erfordert:

> «In essence, any ethically oriented proposal made to a manager is a proposal to take a longer-range view of his problems – to lift his sights. Nonethical practice is shortsighted almost by definition, if for no other reason than that it exposes the company to eventual reprisals. The longer range a realistic business projection is, the more likely it is to find a sound ethical footing. I would go so far as to say that almost anything an executive does, on whatever level, to extend the range of thinking of his superiors tends to effect an ethical advance.» (Carr 1970, S. 64)

1.1.3.3 Dynamisches Denken

Zur Langfristigkeit und Ganzheitlichkeit gesellt sich als dritte Komponente unternehmerischen Handelns die Dynamik als wesentlicher Einflussfaktor. Eine Unternehmung muss immer wieder von neuem die zu befriedigenden Bedürfnisse abklären. Bedürfnisse sind nichts Statisches, zumindest nicht in inhaltlicher Hinsicht. Beispielsweise wird das Bedürfnis nach Nahrungsmitteln zwar immer vorhanden sein, aber die Art und Weise, mit welchen Nahrungsmitteln dieses Bedürfnis befriedigt wird, kann sich über die Zeit sehr stark ändern. Daneben können auch andere oder neue Bedürfnisse relevant werden. Neben den Bedürfnissen der eigentlichen Kunden als Konsumenten der Produkte spielen aber auch die Bedürfnisse der verschiedenen **Anspruchsgruppen** der Unternehmung eine grosse Rolle. Auch diese können sich über die Zeit sehr stark verändern. Gerade in der heutigen Zeit spricht man von einem ausgeprägten **Wertewandel**.[2]

---

1 Donald V. Seibert, CEO und Chairman von J.C. Penney meint in diesem Sinne: «In the long run, the best business decision is that which is founded on the most ethical judgements» (zitiert nach Solomon/Hanson 1985, S. XI). Vgl. auch von Moos (1988, S. 20).
2 Vgl. dazu Epstein (1987, S. 104).

1.1.3.4 Zusammenfassung

Zusammenfassend soll mit ▶ Abb. 3 zum Ausdruck gebracht werden, dass die drei wesentlichen Merkmale unternehmerischen Denkens nicht isoliert betrachtet werden dürfen, sondern als eine Einheit zu betrachten sind.

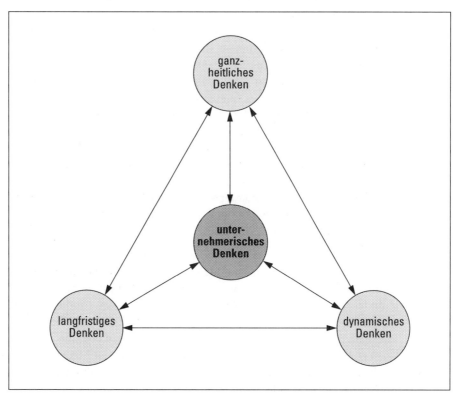

▲ Abb. 3   Merkmale unternehmerischen Denkens

1.2 Anspruchsgruppen

1.2.1 Bestimmung der Anspruchsgruppen

Aufgrund der geschilderten Entwicklungen sieht sich eine Unternehmung immer mehr gezwungen, sich mit verschiedenen Gruppen und Problemen der Gesellschaft auseinanderzusetzen, um Konflikte zu verhindern oder bereits entstandene zu lösen.

Zuerst stellt sich dabei die Frage, was überhaupt unter einer Anspruchsgruppe verstanden wird und welche Gruppen berücksichtigt werden sollen. Nach der Stärke der Ansprüche und deren Geltendmachung nimmt Achleitner (1985, S. 76) folgende Differenzierung vor:

1. **Bezugsgruppen:** Als umfassendster Begriff bezieht er sich auf alle sozialen (gesellschaftlichen) Gruppen i.w.S., welche in irgendeiner tatsächlichen oder potentiellen, direkten oder indirekten Beziehung zur Unternehmung stehen, unabhängig davon, ob sie formal organisiert sind oder nicht.[1] ▶ Abb. 4 zeigt eine Vielzahl von Bezugsgruppen, die für eine Unternehmung von Bedeutung sind.
2. **Interessengruppen:** Zu diesen zählen alle jene Bezugsgruppen, welche in einer tatsächlichen direkten oder indirekten Beziehung zur Unternehmung stehen und daher unmittelbares Interesse an deren Verhalten haben.
3. **Anspruchsgruppen:** Zu diesen gehören alle jene Interessengruppen, welche ihr Interesse an der Unternehmung entweder selbst oder durch Dritte artikuliert haben und daher konkrete Ansprüche gegenüber der Unternehmung erheben. Diese Anspruchsgruppen werden im angloamerikanischen Raum als «stockholders» bezeichnet (vgl. z.B. Freeman 1984, S. 46.).
4. **Strategische Anspruchsgruppen:** Es handelt sich um jene Anspruchsgruppen, auf welche die Unternehmung so stark angewiesen ist, dass sie im Falle der Nichterfüllung ihrer Ansprüche wesentlichen Einfluss auf das Unternehmungsgeschehen nehmen können.

Aufgrund der bisherigen Überlegungen scheint es aber äusserst fragwürdig zu sein, bestimmte Gruppen von vornherein ausschliessen zu wollen. Dies gilt besonders dann, wenn die entsprechende Gruppe keine Einflussmöglichkeiten besitzt. Eine solche Haltung ist – abgesehen von ethischen Überlegungen – schon deshalb fragwürdig, weil sich die Anspruchsgruppen über die Zeit verändern können (z.B. in bezug auf Grösse, Zusammensetzung oder Macht), so dass die Unternehmung zu einem späteren Zeitpunkt trotzdem auf eine solche Anspruchsgruppe eingehen müsste. Ob dann eine solche «vernachlässigte» Anspruchsgruppe immer noch die gleiche Kooperationsbereitschaft zeigt, ist mehr als fraglich.

Da auch einzelne Personen oder Institutionen als Anspruchsträger auftreten können, soll zusammenfassend folgende Definition vorgeschlagen werden: Ein **Anspruchsträger** ist eine Person, eine Gruppe oder eine Institution, welche aufgrund des Unternehmungsverhaltens infolge persönlicher Betroffenheit oder Betroffenheit Dritter Ansprüche an eine Unternehmung stellt (aktiver Anspruch) oder Ansprüche geltend machen könnte (passiver Anspruch).

---

[1] Sohn (1982, S. 140) spricht auch von einer «constituency», welche er als «a group of persons linked to a company on the basis of some common interest» definiert.

1.2 Anspruchsgruppen

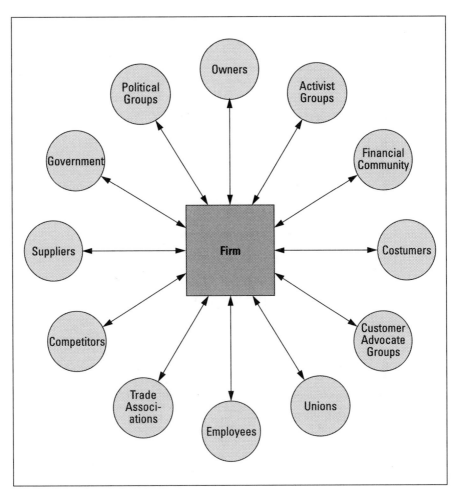

▲ Abb. 4   Umweltorientierung (Freeman 1983, S. 39)

| 1.2.2 | **Bestimmung von Ansprüchen** |

Sobald die Anspruchsgruppen bestimmt sind, gilt es, deren Interessen genauer abzuklären. Diese sind in der Regel sehr unterschiedlich (sowohl in quantitativer als auch in qualitativer Hinsicht), was häufig dazu führt, dass sie auch widersprüchlich sind. ▶ Abb. 5 zeigt vereinfacht für acht verschiedene Interessengruppen deren Leistungen und erwartete Gegenleistungen (= Ansprüche).

Das Wissen um die Bedeutung von Anspruchsgruppen führte zur Einsicht, dass diese eingehend analysiert werden müssen, um deren Interessen erkennen

Anspruchsgruppen		Interessen (Ziele)

I. Interne Anspruchsgruppen	1. Eigentümer
	  ■ Kapitaleigentümer
	  ■ Eigentümer-Unternehmer
		■ Einkommen/Gewinn
		■ Erhaltung, Verzinsung und Wertsteigerung des investierten Kapitals
		■ Selbständigkeit/Entscheidungsautonomie

	2. Management (Manager-Unternehmer)	■ Macht, Einfluss, Prestige ■ Entfaltung eigener Ideen und Fähigkeiten, Arbeit = Lebensinhalt
	3. Mitarbeiter	■ Einkommen (Arbeitsplatz) ■ soziale Sicherheit ■ sinnvolle Betätigung, Entfaltung der eigenen Fähigkeiten ■ zwischenmenschliche Kontakte (Gruppenzugehörigkeit) ■ Status, Anerkennung, Prestige (ego-needs)
II. Externe Anspruchsgruppen	4. Fremdkapitalgeber	■ sichere Kapitalanlage ■ befriedigende Verzinsung ■ Vermögenszuwachs
	5. Lieferanten	■ stabile Liefermöglichkeiten ■ günstige Konditionen ■ Zahlungsfähigkeit der Abnehmer
	6. Kunden	■ qualitativ und quantitativ befriedigende Marktleistung zu günstigen Preisen ■ Service, günstige Konditionen usw.
	7. Konkurrenz	■ Einhaltung fairer Grundsätze und Spielregeln der Marktkonkurrenz ■ Kooperation auf branchenpolitischer Ebene

	8. Staat und Gesellschaft
	  ■ lokale und nationale Behörden
	  ■ ausländische und internationale Organisationen
	  ■ Verbände und Interessenlobbies aller Art
	  ■ politische Parteien
	  ■ Bürgerinitiativen
	  ■ allgemeine Öffentlichkeit
		■ Steuern
		■ Sicherung der Arbeitsplätze
		■ Sozialleistungen
		■ positive Beiträge an die Infrastruktur
		■ Einhalten von Rechtsvorschriften und Normen
		■ Teilnahme an der politischen Willensbildung
		■ Beiträge an kulturelle, wissenschaftliche und Bildungsinstitutionen
		■ Erhaltung einer lebenswerten Umwelt

▲ Abb. 5   Anspruchsgruppen der Unternehmung und ihre Interessen (nach P. Ulrich/Fluri 1995, S. 79)

und mit ihnen besser umgehen zu können. Häufig werden beispielsweise – je nach Ziel und Zweck einer solchen Analyse – die Anspruchsgruppen nach verschiedenen Kriterien in Teilgruppen aufgeteilt. ▶ Abb. 6 zeigt eine mögliche Einteilung

1.2 Anspruchsgruppen

Einfluss \ Verhalten	aktiv	passiv
wesentlich		
unwesentlich		

▲ Abb. 6 Systematisierung von Anspruchsgruppen

aufgrund der Einflussmöglichkeiten auf die Unternehmung (verfügt eine Anspruchsgruppe z.B. über politische oder wirtschaftliche Macht, um ihre Ansprüche durchzusetzen) und der effektiven Geltendmachung von Ansprüchen (setzt sie diese Macht auch tatsächlich ein?).

Häufig wird es darum gehen, neben dieser spezifischen Interessenanalyse (Anspruchsgruppenanalyse) eine allgemeine Analyse vorzunehmen, um die bedeutenden Probleme zu erfassen, denen sich unsere Gesellschaft gegenwärtig und vor allem in den nächsten Jahren oder sogar Jahrzehnten gegenübergestellt sehen wird (themenbezogene Analyse).[1] Diese gesellschaftlichen Probleme bzw. Problembereiche werden auch als **Issues** oder **Societal Issues**[2] bezeichnet. Sie umfassen «any trend, event, controversy, or public policy development» (Carroll 1989, S. 476), welche die Unternehmung betreffen könnten. Ihre Analyse ist in zweifacher Hinsicht wichtig:

1. Die Unternehmung kann erkennen, welche Probleme auf sie zukommen werden und welche Rolle sie bei der Verursachung oder Bewältigung dieser Probleme spielt, spielen kann oder muss bzw. welche Aufgaben sie übernehmen muss.
2. Es lassen sich aus dieser Analyse potentielle Anspruchsgruppen erkennen, die sich entweder noch nicht formiert oder ihre Ansprüche noch nicht geltend gemacht haben.

1.2.3 Zusammenfassung

Die Analyse der Anspruchsgruppen oder der Societal Issues wird auch unter dem Begriff **«Corporate Monitoring»** zusammengefasst. Darunter kann man «eine umfassende und systematische Überwachung aller Bezugsfelder» verstehen, «mit

---

1 Zur Analyse der zukünftigen gesellschaftlichen Probleme hat es sich als zweckmässig erwiesen, die allgemeine Umwelt in verschiedene Bereiche aufzuteilen wie beispielsweise in technologische, soziale, wirtschaftliche (ökonomische), politische, rechtliche und kulturelle Umweltsphären. Vgl. H. Ulrich (1987), Freeman (1984, S. 92ff.).
2 Vgl. z.B. Freeman (1984, S. 92).

Thema / Gruppe	Konsumentenschutz	Arbeitszeit-flexibilisierung	Mitbestimmung	Frauenförderung	Umweltschutz	Produktionsstandort in der Schweiz	...	Total
Konsumenten								
Mitarbeiter								
Kapitalgeber								
Lieferanten								
Staat								
...								
Total								

5: äusserst wichtig für die betreffende Anspruchsgruppe
4: ziemlich wichtig
3: neutrale Einstellung (weder wichtig noch unwichtig)
2: wenig wichtig
1: überhaupt nicht wichtig

▲ Abb. 7   Bestimmung der Themenbereiche und Anspruchsgruppen

welchen die Unternehmung direkt oder indirekt Kontakt hat.» (Hodler/Ritter 1987, S. 568) Diese Überwachung geschieht mittels verschiedener Informationsquellen. Diese können beispielsweise sein:[1]

- betriebsinterne Informationen aufgrund von Kundenkontakten (Kundenreklamationen, Aussendienstrapporte, Ausstellungen);
- Branchenberichte, Verbandsinformationen, Publikationen der Konkurrenz;
- systematische Auswertung der Beiträge und Berichte der verschiedenen Medien;
- wissenschaftliche Arbeiten auf verschiedenen Gebieten;
- repräsentative Untersuchungen über allgemeine gesellschaftliche Entwicklungen (z.B. Wertewandel) oder
- spezifische Imageuntersuchungen, welche die eigene Unternehmung betreffen.

Sind sowohl die in Frage kommenden Anspruchsgruppen als auch die Themenbereiche festgelegt, so können diese beiden Aspekte, z.B. in Form einer Matrix (vgl. ◄ Abb. 7), zusammengeführt werden. Diese Vorgehensweise erlaubt es, die

---

1 Für eine detailliertere Behandlung vgl. z.B. Hodler/Ritter (1987, S. 568f.).

1.2 Anspruchsgruppen

> 1. Welches sind unsere Anspruchsgruppen, d.h.
>   - wer wird durch unsere Entscheidungen und unser Handeln berührt?
>   - wer versucht, das Verhalten unserer Unternehmung zu beeinflussen?
> 2. Welches sind die grundsätzlichen Wertvorstellungen und Ziele dieser Anspruchsgruppen?
> 3. Wie stark werden wir von den einzelnen Anspruchsgruppen akzeptiert?
> 4. Welche konkreten gegenwärtigen oder potentiellen Auswirkungen hat unser Verhalten auf diese Anspruchsgruppen?
> 5. Welche konkreten gegenwärtigen oder potentiellen Auswirkungen haben die Anspruchsgruppen auf die Unternehmung?
> 6. Auf welche Art und Weise nehmen unsere Anspruchsgruppen unser Verhalten wahr?
> 7. Wie verhalten sich unsere Anspruchsgruppen grundsätzlich? Auf welche Art und Weise versuchen sie ihre Ansprüche durchzusetzen?
> 8. Wie gross ist ihre Kooperationsbereitschaft, um die von ihnen aufgeworfenen Probleme und Fragen gemeinsam zu lösen?
> 9. Wie gross sind die Einflussmöglichkeiten (Macht) der verschiedenen Anspruchsgruppen?
> 10. Welche Auswirkungen hat die Erfüllung der Forderungen der Anspruchsgruppen auf die Unternehmung?

▲ Abb. 8   Analyse von Anspruchsgruppen

einzelnen Themen je nach ihrer Bedeutung für die jeweilige Anspruchsgruppe zu gewichten. Daraus können folgende Erkenntnisse gezogen werden:

1. Primär wird daraus ersichtlich, welche Themenbereiche besonders brisant sind. Je häufiger die Ziffern 4 und 5 auftreten und je grösser die totale Punktzahl für einen Themenbereich ist, um so wichtiger ist tendenziell die Bedeutung dieses Themas für die Unternehmung, um so stärker sollte sie sich mit diesem Thema auseinandersetzen.
2. Eine ähnliche Analyse kann auch in horizontaler Richtung der Matrix vorgenommen werden. Je häufiger die Ziffern 4 und 5 auftauchen und je grösser der Wert der addierten horizontalen Ziffern pro Anspruchsgruppe ist, um so wichtiger ist tendenziell die betreffende Anspruchsgruppe für die Unternehmung.

Eine solche Analyse dient dazu, sich einen systematischen und vollständigen Überblick zu verschaffen. Sie gibt erste Hinweise für zukünftige Handlungsorientierungen. Es sind aber noch ergänzende Abklärungen notwendig. ◀ Abb. 8 gibt beispielhaft einen Überblick über noch zu stellende Fragen. Bei der Bestimmung der Bedeutung eines Themas oder der Dringlichkeit einer Problemlösung bzw. Befriedigung einer oder mehrerer Anspruchsgruppen sind somit aus praktischer Sicht – zumindest kurzfristig – noch weitere Faktoren zu betrachten (z.B. effektiv ausgeübter Druck einer Anspruchsgruppe, gesetzliche Auflagen).

1.3 Konzepte und Strategien zur Berücksichtigung von Anspruchsgruppen

In diesem Abschnitt wird diskutiert, wie Unternehmungen mit ihren Anspruchspartnern umgehen können. Zuerst wird auf neuere Konzepte eingegangen (Issues Management, Crisis Management, Public Affairs Management), bevor eine allgemeine Klassifikation möglicher Verhaltensweisen (Strategien) aufgestellt wird. Diese Systematisierung schafft die Voraussetzungen, um in einem späteren Abschnitt beurteilen zu können, welche Strategie unter Berücksichtigung ethischer Aspekte vorzuziehen ist.

1.3.1 Issues Management, Crisis Management, Public Affairs Management

In den letzten Jahren wurde mit dem **Issues Management** ein neues Konzept entwickelt. Dieses wird als ein Instrument angepriesen, mit welchem es einer Unternehmung gelingen soll, gesellschaftlichen Ansprüchen entgegenzutreten und ihre angestrebten sozialen Ziele besser zu erreichen.[1] Allgemein kann das Issues Management umschrieben werden als «the systematic approach to managing a single issue or a portfolio of issues to accomplish your organization's objectives». Ausgangspunkt dieses Ansatzes bildet «the effort to improve the firms ability to identify opportunities for greater profits and minimize threats to profits through early identification of and response to social issues.»[2] (Logsdon/Palmer 1988, S. 192) Der Problemlösungsprozess des Issues Management unterteilt sich nach Logsdon/Palmer (1988, S. 192) in vier Schritte:[3]

1. «Identification of relevant issues of concern for the firm through environmental scanning;
2. Analysis of the potential impacts of these issues on the firm and probabilities of these issues of their occurrence;
3. Development of an appropriate response; and
4. Implementation of the response.»

Diese kurze und allgemeine Umschreibung des Issues Management macht deutlich, dass es sich nicht um ein grundsätzlich neues Instrument handelt. Das Neue besteht vielmehr darin, dass die **gesamte** externe Unternehmungsumwelt syste-

---

[1] Es wird auch etwa von der Erhöhung der «social performance» gesprochen.
[2] Freeman (1984, S. 221) fasst diese beiden Aspekte zusammen, indem er die Aufgabe eines Issues Management darin sieht «to scan the environment for new issues and new stakeholders and to bring these to the attention of business unit managers responsible for unit performance.»
[3] Für eine andere Aufteilung vgl. zum Beispiel Carroll (1989, S. 478 ff.).

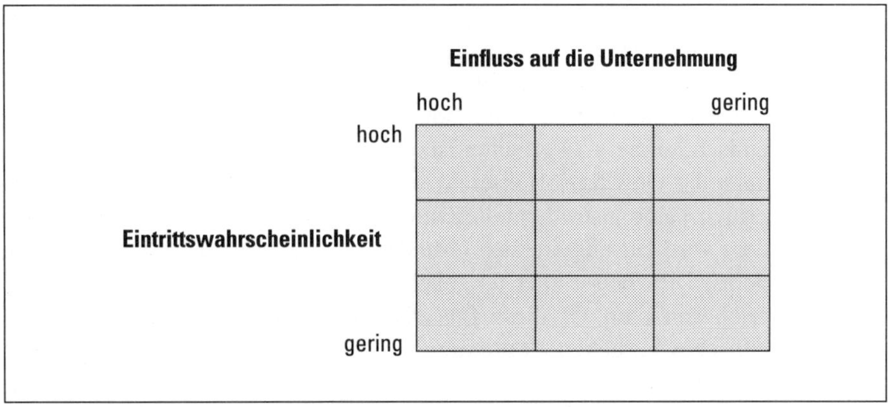

1.3 Konzepte und Strategien zur Berücksichtigung von Anspruchsgruppen 29

Abb. 9 Eintrittswahrscheinlichkeits-/Einfluss-Matrix (Carroll 1989, S. 485)

matisch und kontinuierlich bearbeitet sowie in den strategischen Prozess einbezogen wird. Es handelt sich somit mehr um eine Frage der Gewichtung als der Neuartigkeit.[1]

Entscheidend ist nun aber, dass das Issues Management in erster Linie als ein Instrument gesehen wird, um letztlich den Gewinn zu steigern.[2] In diesem Sinne ist es in die Unternehmungsstrategie zu integrieren. Deshalb ist es im Rahmen des Issues Management beispielsweise von Interesse zu fragen,

- wie hoch die Wahrscheinlichkeit ist, dass ein bestimmter Issue relevant wird, oder
- wie stark die Unternehmung von einem solchen Issue betroffen ist, d.h. wie gross die Auswirkungen sind.

Durch Kombination dieser beiden Kriterien ergibt sich die in ◄ Abb. 9 dargestellte Matrix, mit deren Hilfe die Unternehmung festlegen kann, auf welche Issues sie überhaupt eingehen will bzw. aufgrund der äusseren Bedingungen eingehen sollte, um zumindest keinen Schaden zu erleiden oder sogar ihren Gewinn zu maximieren. Damit kann sie abschätzen, ob es sich «lohnt», überhaupt auf ein solches Problem einzugehen, unabhängig von der Frage, ob es aus anderen, nichtökonomischen Gründen sinnvoll oder notwendig wäre, einen Beitrag zur Lösung des erkannten Problems zu leisten.

---

[1] Verwiesen sei beispielsweise auf H. Ulrich, der in seinem Buch «Unternehmungspolitik» im Rahmen der Umweltanalyse bereits 1978 sehr stark auf die soziale Umwelt eingeht und sie in einem sozialen Konzept dem leistungswirtschaftlichen und finanzwirtschaftlichen Konzept gegenüberstellt. (H. Ulrich 1987, S. 146ff.)

[2] Oder als Instrument, um damit zukünftige gesetzliche Regulierungen zu verhindern (vgl. beispielsweise Bowman (1977, S. 41), der dies in bezug auf den Umweltschutz zeigt).

Diese Sichtweise des Issues Management widerspricht aber grundsätzlich einer ethischen Sichtweise, die von einer anderen Fragestellung ausgeht. Sie fragt nicht, wie man den Gewinn vergrössern kann, indem die Umwelt möglichst gut erkannt und integriert wird, sondern sie versucht vorerst zu bestimmen, was ein ethisch fundiertes Verhalten ist, auf dessen Grundlage bestimmte Ziele (darunter *auch* das Gewinnziel) erreicht werden können. Damit enthält ethisches Handeln primär keine instrumentelle Dimension,[1] wie schon mehrmals festgehalten, sondern wird zur allgemeinen Grundhaltung unternehmerischen Denkens und Handelns. Dies heisst aber umgekehrt nicht, dass ethisches Verhalten nicht erfolgreich sein kann. Ob diese Tatsache allerdings als Argument dienen kann, um ein ethisches Verhalten zu propagieren,[2] muss in Frage gestellt werden. Damit läuft man nämlich Gefahr, ein ethisches Handeln nur solange anzustreben, als es auch den Gewinn vergrössert. Sobald dieses «Instrument» aber nicht mehr greift, wird es weggeworfen und durch ein gewinnträchtigeres ersetzt. Trotzdem ist es aber wichtig, Führungskräften verständlich und deutlich zu machen, dass sich ethisches und wirtschaftlich erfolgreiches Handeln nicht grundsätzlich widersprechen, sondern höchstens bestimmte (unethische) Handlungen ausgeschlossen werden, dass die nicht ausgeschlossenen (ethischen) Handlungen aber gerade auch aufgrund ethischer Überlegungen sehr erfolgreich gestaltet werden können. Oder wie es P. Ulrich (1990a, S. 11) in einem Interview ausgedrückt hat:

> «Wenn Ethik praktisch werden will, könnte sie nichts Dümmeres tun, als sich zum Feind des unternehmerischen Erfolgs zu erklären. Deshalb muss sie eine strategische List einschlagen und sich so weitgehend als möglich zum Freund des Unternehmers machen, ihm zeigen, dass langfristiges Denken die Erfolgs-, wenn nicht gar Überlebenschancen erhöht. Wirtschaftsethik ist keine Ethik der roten Zahlen, sondern eine unternehmerische Herausforderung.»

In eine ähnliche Richtung wie das Issues Management zielt ein anderes neues Konzept, nämlich das des **Crisis Management.** Bei diesem geht es darum, eine – meist aufgrund eines unethischen Verhaltens zustande gekommene – Krise so gut wie möglich zu bewältigen und zu überstehen. Im Vordergrund dieses Konzeptes stehen die Erfassung und Charakterisierung der wichtigsten Phasen einer Krise,[3]

---

1 Dies hat Lisowsky bereits 1927 hervorgehoben, gleichzeitig aber auch erkannt, dass viele als ethisch bezeichnete Handlungen aus rein wirtschaftlichem Interesse vollzogen worden sind. (Lisowsky 1927, S. 432ff.) Allerdings ist es aus praktischer Sicht vielfach schwierig festzustellen, ob eine Handlung aus einer guten Gesinnung oder aus Gewinnsucht – um es extrem zu formulieren – vorgenommen worden ist.

2 So sagen beispielsweise Solomon/Hanson: «The most powerful argument for ethics in business is success. Ethical businesses are successful businesses; excellence is also ethical.» Zugleich schränken sie aber auch ein, dass Ethik allein noch keine Garantie für Erfolg ist. (Solomon/Hanson 1985, S. 22)

3 In Anlehnung an Fink (1986) unterscheidet Carroll (1989, S. 492) beispielsweise vier Phasen einer Krise: (1) prodromal crisis stage, (2) acute crisis stage, (3) chronic crisis stage, (4) crisis resolution stage.

die Beschreibung der organisatorischen und führungsmässigen Aufgaben zur Bewältigung einer Krise (z.B. Bildung von Krisen-Teams, Aufstellen eines Krisen-Planes) sowie die Vorbereitung der Führungskräfte auf potentielle Krisen (z.B. durch Simulation möglicher Krisen).[1]

Oft werden das Issues Management und das Crisis Management im **Public Affairs Management** zusammengefasst, wobei diesem nach Carroll (1989, S. 500) – als Teil des strategischen Managements – zusätzlich die **Corporate Public Policy** zugeordnet wird. Letztere kann definiert werden als «a firm's posture, stance, or position regarding the public, social, or ethical aspects of stakeholders and corporate functioning.» (Carroll 1989, S. 450) Oft findet das Public Affairs Management seine institutionelle Ausprägung in einem **Public Affairs Department.**

Abschliessend sei angemerkt, dass durch die Berücksichtigung ethischer Aspekte – wie dies mit der Corporate Public Policy soeben angetönt worden ist – eine eindeutige Einordnung des Issues Management bzw. des Crisis Management bezüglich der Zielsetzung nicht immer möglich ist. Deshalb ist bei der Beurteilung der konkreten Ausgestaltung solcher Konzepte in der Praxis letztlich darauf zu achten, wie diese interpretiert und implementiert werden sowie welche Denkhaltung ihnen zugrunde liegt.

1.3.2 Strategien (Verhaltensweisen) gegenüber Anspruchsgruppen

Im folgenden werden mögliche Strategien gegenüber Anspruchsgruppen dargelegt, und es wird gezeigt, wodurch sich diese voneinander unterscheiden.[2]

Aufgrund ihrer Erfahrung und Interpretation der Geschäftswelt können Freeman/Gilbert[3] mindestens sieben verschiedene Konzeptionen einer – wie sie sagen – **Enterprise Strategy** (E-Strategy) unterscheiden (vgl. ▶ Abb. 10). Jeder Strategie liegt eine andere ethische Perspektive zugrunde und gibt eine andere Antwort auf die Frage, gegenüber wem die Unternehmung ethische Verpflichtungen hat und

---

1 Vgl. dazu Carroll (1989, S. 493 ff.).
2 Für einen Überblick über die Strategien im Umgang mit gesellschaftlichen Anliegen vgl. Dyllick (1989, S. 255 ff.), der insbesondere auf die Ansätze von Carroll (1979), Miles (1987), Picot (1978), Post (1978), Thomas (1976), Sethi (1975) und Stitzel (1977) eingeht. Aufgrund einer Analyse dieser Ansätze stellt Dyllick einen fünfdimensionalen Bezugsrahmen zur Erfassung der Strategien im Umgang mit gesellschaftlichen Anliegen auf. Es handelt sich um folgende fünf Dimensionen (vgl. Dyllick 1989, S. 263): (1) Sachliche Dimension (Konfliktbereitschaft), (2) Kommunikative Dimension (Verständigungsbereitschaft), (3) Interaktive Dimension (Kooperationsbereitschaft), (4) Zeitliche Dimension (Veränderungsbereitschaft), (5) Ethische Dimension (Verantwortungsbereitschaft).
3 Vgl. dazu Freeman (1984, S. 101 ff.) und Freeman/Gilbert (1988, S. 70 ff.).

> 1. *«Stockholder E-Strategy:* The corporation should maximize the interests of stockholders.
> 2. *Managerial Prerogative E-Strategy:* The corporation should maximize the interests of management.
> 3. *Restricted Stakeholder E-Strategy:* The corporation should maximize the interests of a narrow set of stakeholders, such as customers, employees, and stockholders.
> 4. *Unrestricted Stakeholder E-Strategy:* The corporation should maximize the interests of all stakeholders.
> 5. *Social Harmony E-Strategy:* The corporation should maximize social harmony.
> 6. *Rawlsian E-Strategy:* The corporation should promote inequality among stakeholders only if inequality results in raising the level of the worst-off stakeholder.
> 7. *Personal Projects E-Strategy:* The corporation should maximize its ability to enable corporate members to carry out their personal projects.»

▲ Abb. 10   Enterprise Strategies (Freeman/Gilbert 1988, S. 72)

wessen Interesse sie wahrnehmen sollte.[1] Allerdings sind nach Freeman/Gilbert nicht alle Strategien gleichwertig; sie stellen aber mögliche Verhaltensweisen dar, wie sie in der Praxis anzutreffen sind.[2]

Beispiele für weitere Strategien, wie sie in der Literatur genannt werden, sind:

- Aus der Sicht der Praxis unterscheidet Demuth (1987, S. 12 ff.) fünf verschiedene Ausrichtungen: (1) Frühwarnung und Monitoring: Frühe Diagnose neuer Entwicklungen, auf die man rechtzeitig reagieren kann. (2) Opposition: Gesellschaftlicher Wandel wird verleugnet, allein das wirtschaftlich Machbare steht im Mittelpunkt. (3) Low Key: Durch Stillschweigen möglichst nicht auffallen. (4) Opportunismus: Vorsichtige Offensive, indem man als «Trendwellenreiter» mitmacht. (5) Transparenz: Durch volle Information Akzeptanz erreichen.

- Luthans/Hodgetts/Thompson (1987, S. 545 ff.) unterscheiden lediglich drei Strategien, wobei sie glauben, dass kleine Firmen die reaktive Strategie, mittelgrosse Firmen die antizipatorische Strategie und schliesslich grosse Firmen die proaktive Strategie verfolgen.

- Meffert/Benkenstein/Schubert (1987, S. 32 f.) unterscheiden vier verschiedene strategische Anpassungsmöglichkeiten der Unternehmungen (speziell im Hinblick auf die ökologische Herausforderung): (1) Passivität, (2) reaktives Ver-

---

1 Vgl. auch Murray (1986, vor allem S. 104 ff.), der auf den Zusammenhang zwischen Ethik und Strategie unter Berücksichtigung verschiedener Moralprinzipien eingeht.
2 Freeman/Gilbert (1988, S. 82) bevorzugen persönlich die Personal Projects E-Strategy. Deshalb widmen sie dieser Strategie den grössten Teil ihres Buches (1988, vgl. insbesondere Kapitel 8, S. 157 ff.).

halten, (3) Konfrontation, (4) kreative Umsetzung ökologischer Forderungen (vgl. auch Meffert/Bruhn/Schubert/Walter 1986, S. 148f.).
- Kilpatrick (1985) unterscheidet drei mögliche Verhaltensweisen, die er als «authoritarian», «manipulative» und «bargaining» umschreibt.

Eine systematische Betrachtung kann unter Verwendung der beiden Kriterien Zeitorientierung und Lösungsfindung vorgenommen werden:[1]

1. Die **Zeitorientierung** kann entweder in die Vergangenheit oder in die Gegenwart/Zukunft gerichtet sein:
   - Bei einer **retrospektiven** Orientierung wird sich eine Unternehmung an der Vergangenheit bzw. an dem, was bereits passiert ist, ausrichten. Demzufolge wird sie primär darauf schauen, wie die Anspruchsgruppen auf die unternehmerischen Tätigkeiten reagieren und selber nur dann etwas unternehmen, wenn eine Reaktion dieser Gruppen erfolgt ist. Umweltschutzmassnahmen werden beispielsweise nur dann ergriffen, wenn diese von aussen gefordert oder (gesetzlich) aufgezwungen werden.
   - Die **prospektive** Orientierung ist dagegen in die Gegenwart oder Zukunft gerichtet, d.h. eine Unternehmung versucht, gesellschaftliche Probleme und Interessen der Anspruchsgruppen möglichst frühzeitig zu erfassen, um sie zu lösen, solange sie noch relativ klein sind oder noch keinen Schaden angerichtet haben.[2] Ansprüche sollen rechtzeitig befriedigt werden, um keine Konflikte entstehen zu lassen.[3]

2. **Lösungsfindung:** Die Suche nach einer Lösung bei der Bewältigung von Problemen sowie der Ausgleich von Interessenunterschieden kann ebenfalls in zwei Richtungen erfolgen:
   - **Nicht einbeziehende Strategie:** Die Unternehmung glaubt, dass sie allein wisse, welches unternehmerische Verhalten richtig sei und dass sie deshalb auf Ansprüche Dritter gar nicht eingehen müsse.
   - **Einbeziehende Strategie:** Bei dieser Strategie geht die Unternehmung davon aus, dass sie auf die Anliegen gesellschaftlicher Gruppen eingehen müsse. Sie versucht deshalb, diese in Erfahrung zu bringen. Dabei kann zwischen

---

1 Vgl. dazu vor allem Carroll (1979, S. 502), der die möglichen Strategien im Kontinuum zwischen «do nothing» und «do much» einordnet. In Anlehnung an Jan Wilson glaubt Carroll, die vier Grundstrategien «reaction», «defense», «accomodation», «proaction» unterscheiden zu können.
2 Bretscher/Eigenmann/Plattner (1978, S. 178f.) zeigen am Beispiel der Chemischen Industrie, dass Präventivmassnahmen erforderlich sind und nicht kurative Massnahmen. Deshalb sind in der Chemischen Industrie in diesem Zusammenhang vor allem Verfahrensentwicklungs- und Prozessentwicklungsarbeiten von grosser Bedeutung.
3 Bereits Ackermann (1973, S. 98) weist darauf hin, dass die Antwort einer Unternehmung auf soziale Ansprüche mehr «anticipatory» als nur «reactive» sein sollte.

Lösungsfindung \ Zeitorientierung		retrospektiv	prospektiv
nicht einbeziehend		Stillhalter	Abschirmer
einbeziehend	einseitig	Adaptor	Antizipator
	zweiseitig	Reagierer	Koagierer

▲ Abb. 11 Strategien der Berücksichtigung von Anspruchsgruppen

einem **einseitigen** und einem **zweiseitigen** Vorgehen unterschieden werden, je nachdem, ob die Unternehmung bereit ist, in einen Dialog einzulenken oder nicht.

Wie aus ◄ Abb. 11 hervorgeht, lassen sich aufgrund dieser zwei Kriterien sechs verschiedene **Strategien (Verhaltensweisen)** unterschieden, die im folgenden skizziert werden:

1. **Stillhalter:** Diese Strategie beruht auf dem letztlich egoistischen Prinzip, sich nicht primär an den Bedürfnissen der Anspruchsgruppen zu orientieren, sondern an den Zielen und Interessen der Unternehmung (d.h. primär der Aktionäre und des Managements). Unethisches Verhalten wird bewusst in Kauf genommen in der Annahme, die daraus entstehenden Konsequenzen hätten keine (negativen) Auswirkungen auf die Unternehmung. Nimmt diese trotzdem Veränderungen in ihrem Verhalten vor, so geschieht dies meist nur auf massiven äusseren Druck oder sogar (gesetzlichen) Zwang. Der Stillhalter zeichnet sich auch dadurch aus, dass er sehr wenig Informationen über sich preisgibt und damit Aussenstehenden eine objektive Beurteilung des (nicht direkt sichtbaren) Unternehmensverhaltens erschwert. Diese Strategie ist so lange «erfolgreich», solange keine Anspruchsgruppe ein besonderes Interesse an dieser Unternehmung bekundet und diese nicht in das Rampenlicht der Öffentlichkeit gerät. Wie die Erfahrung aber zeigt, müssen dann bei besonders unethischen Vorkommnissen oft einschneidende und kostspielige Massnahmen getroffen werden, um das Fortbestehen der Unternehmung überhaupt noch gewährleisten zu können. Dieses Verhalten ist von einer äusserst kurzfristigen Sichtweise geprägt, welche die effektiven gesellschaftlichen Bedürfnisse nicht befriedigen will, sondern nur die Bedürfnisse weniger, ganz spezifischer Gruppen.
2. **Abschirmer:** Im Gegensatz zum Stillhalter nimmt der Abschirmer nicht nur eine ablehnende Haltung ein, sondern bringt sie auch aktiv zum Ausdruck, indem er sein (unethisches) Verhalten bewusst versteckt, verleugnet oder manipuliert.

Er schaut auch, welche Anspruchsgruppen besonders «gefährlich» sind und versucht, diese irrezuführen oder von den tatsächlichen Gegebenheiten abzulenken. Der Abschirmer nimmt überhaupt keine Rücksicht auf die Anliegen der Anspruchsgruppen, sondern rechtfertigt seine Handlungen wie der Stillhalter nur aus der Sicht der Unternehmungsinteressen. Er ist somit ebenfalls durch eine kurzfristige und eingeschränkte Sichtweise gekennzeichnet, die bewusst das Verdecken der Wahrheit zur Verfolgung eigener Interessen in Kauf nimmt.

3. **Adaptor:** Gerade Unternehmungen, die wenig auf ethische Problemstellungen sensibilisiert sind, sehen sich plötzlich mit den Ansprüchen verschiedener Gruppen konfrontiert. Man erkennt dann in dieser Situation die Notwendigkeit, diese Ansprüche bei der Ziel- und Strategieformulierung zu berücksichtigen. Dabei versucht man, sie mit eigenen Abklärungen so gut als möglich zu erfassen und anschliessend zu befriedigen. Diese Strategie ist dadurch charakterisiert, dass die Unternehmung viele (unethische) Handlungen vornimmt, die sie immer erst im nachhinein korrigieren kann, wenn ein Schaden bereits entstanden ist. Trotz gutem Willen seitens der Führungskräfte ist diese Strategie mit der Gefahr verbunden, dass bei mehrmaligem Vorkommen eines unethischen Verhaltens das Vertrauen und die Glaubwürdigkeit verloren gehen, weil man sich immer erst im nachhinein um die Umwelt kümmert. Denn für Aussenstehende ist es häufig nicht ersichtlich, ob aus Unwissenheit, aus Sorglosigkeit oder mit bewusster Absicht so gehandelt worden ist.

4. **Antizipator:** Diese Strategie hat zum Ziel, die gegenwärtigen und zukünftigen Ansprüche der Interessengruppen rechtzeitig abzuklären, zu erfassen und bewusst in die Unternehmungspolitik einzubauen. Man glaubt allerdings, dass dieses gelingt, ohne den direkten Kontakt mit den mittelbar oder unmittelbar vom Unternehmungsverhalten Betroffenen suchen zu müssen. Diese zukunftsgerichtete Verhaltensweise ist mit der Gefahr verbunden, dass man sich zwar alle erdenkliche Mühe gibt, um die verschiedenen Ansprüche kennenzulernen und soweit wie möglich zu berücksichtigen, dass man aber wegen des fehlenden Dialoges bestimmte Informationen nicht erfasst oder falsch interpretiert und falsche Schlüsse daraus zieht.

5. **Reagierer:** Diese Strategie geht ebenfalls von einem Laissez-faire unternehmerischen Handelns aus und versucht nicht, die Ansprüche verschiedener Interessengruppen auszumachen. Sobald sich aber eine solche Interessengruppe bildet und aktiv bemerkbar macht, schenkt man ihr die volle Aufmerksamkeit und versucht, mit ihr in den Dialog zu treten und deren Ansprüche so gut wie möglich zu berücksichtigen. Diese Strategie birgt – wie die Anpasser-Strategie – die Gefahr in sich, dass vor allem dann reagiert werden muss, wenn es bereits zu einem Konflikt zwischen der Unternehmung und einer oder mehreren Anspruchsgruppen gekommen ist. Dies bedeutet häufig, dass die Gesprächs-

und Kooperationsbereitschaft für eine gemeinsame Problemlösung sehr klein ist. Die Folge davon ist, dass ein Konsens viel schwieriger zu erreichen ist, als wenn dieser Konflikt gar nicht erst entstanden wäre.
6. **Koagierer:** Falls die Unternehmung versucht, mit ihren Anspruchsgruppen gemeinsam die vorhandenen Probleme zu betrachten und nach einer Lösung zu suchen, handelt es sich um einen Koagierer. Dieser versucht, mit den verschiedenen Anspruchsgruppen einen Konsens zu erzielen. Gelingt dies, so erhält ein solcher Koagierer die Unterstützung und Akzeptanz der beteiligten Gruppen.

Natürlich können diese Strategien in der Praxis nicht immer eindeutig voneinander getrennt werden. Oft ist es auch so, dass eine Unternehmung in verschiedenen Situationen unterschiedlich handelt, allein schon aus dem einfachen Grunde, dass ihre Wahrnehmungsfähigkeiten (für Anspruchsgruppen und ihre Probleme) beschränkt sind. Es geht an dieser Stelle vielmehr darum zu zeigen, welche grundsätzlichen Haltungen eingenommen werden können, d.h. um die Grundhaltung und die Leitidee unternehmerischen Denkens und Handelns.

1.3.3 Anforderungen an das Management

Betrachtet man die möglichen Verhaltensstrategien gegenüber den Anspruchsgruppen (vgl. ◄ Abb. 11 auf Seite 34), so fallen die nicht einbeziehenden Strategien von vornherein weg, weil sie auf die gesellschaftlichen Bedürfnisse im Sinne einer sozialen Verantwortung gar nicht eingehen. Es bleiben deshalb die einbeziehenden Strategien. Von diesen fallen die einseitigen ebenfalls weg, da die Unternehmung die Befriedigung der gesellschaftlichen Bedürfnisse letztlich nur dann optimal vornehmen kann, wenn sie diese Bedürfnisse im Dialog erfahren hat. Diese Folgerung beruht auf der Tatsache, dass die Wirklichkeit – d.h. die Probleme dieser Welt sowie das unternehmerische Handeln und seine Auswirkungen – unterschiedlich wahrgenommen wird bzw. «keine objektive Tatsache, sondern eine individuelle und soziale Konstruktion» ist.[1] (Königswieser 1987, S. 37) Ereignisse, Probleme und Situationen werden nämlich je nach Erfahrung und Ausbildung sowie Interessenstand unterschiedlich bzw. selektiv wahrgenommen.[2] Deshalb kann die Welt (mit ihren Problemen und Bedürfnissen) nicht aus einer einseitigen Sicht erkannt werden, sondern nur unter Einbezug der davon Betroffenen. Diese Erkenntnis hat in Anlehnung an Königswieser (1987, S. 43f.) verschiedene Konsequenzen, die es zu beachten gilt:

---

1 Vgl. auch Müri (1987, S. 551 ff. und 1988, S. 85).
2 Zur selektiven Wahrnehmung und Konstruktion der Wirklichkeit vgl. Watzlawick (1995, 1996), und Watzlawick/Beavin/Jackson (1990).

1.3 Konzepte und Strategien zur Berücksichtigung von Anspruchsgruppen

1. Ausüben von **Toleranz:** Wenn man anerkennt, dass es *die* bzw. die objektive Wirklichkeit nicht gibt bzw. nicht geben kann, alle Wahrnehmungen der Wirklichkeit aber ihre Berechtigung oder Gültigkeit haben, obschon diese widersprüchlich sein können, so muss Verständnis und Einsicht für andere Wahrnehmungen entgegengebracht werden. Voraussetzung für Toleranz sind deshalb Unvoreingenommenheit und Offenheit.
2. Übernahme von **Eigenverantwortung:** Wenn man bei der Konstruktion der Wirklichkeit selbst beteiligt gewesen ist, darf man die Schuld für diese Wirklichkeit nicht auf andere abwälzen, sondern muss die Verantwortung für die Gestaltung der Wirklichkeit übernehmen und die Konsequenzen daraus ziehen.
3. **Selbsterkenntnis** und **Selbstreflexion:** Wenn man eingesteht, dass man die Wirklichkeit durch einen subjektiven individuellen Filter wahrnimmt, sollte man versuchen, diesen Filter zu erkennen und zu hinterfragen, bevor man sich über die Filter der anderen äussert.
4. Bereitschaft zum **Dialog:** Sobald man akzeptiert hat, dass es eine einzige Wirklichkeit nicht gibt, bleibt keine andere Möglichkeit, als mit dem anderen das Gespräch zu suchen und die unterschiedlichen Erfahrungen und Betrachtungsweisen auszutauschen, zu verstehen und zu korrigieren, um sich einer gemeinsamen Wirklichkeit zu nähern.
5. Fähigkeit der **Konfliktaustragung:** Unterschiedliche Meinungen, Sichtweisen, Interessen usw. beinhalten ein grosses Konfliktpotential. Es kommt nun darauf an, diese Konflikte – vorerst einmal als Widersprüche definiert – auf konstruktive Weise zu beseitigen,[1] um eine für alle annehmbare Lösung finden zu können.
6. **Problemlösungsfähigkeit:** Wichtig scheint gerade aus betriebswirtschaftlicher Sicht zu sein, dass die Unternehmung auch die Fähigkeiten (Management, Ressourcen, Know-how) haben muss, die aufgeworfenen Probleme zu lösen oder die geäusserten Bedürfnisse zu befriedigen. Es genügt nämlich nicht, nur den guten Willen zur Kommunikation zu haben, wenn man die sich aus dieser Kommunikation ergebenden Konsequenzen nicht verwirklichen kann.

Aufgrund dieser Einsichten ergeben sich bestimmte Anforderungen an das Verhalten einer Unternehmung, die nur der **Koagierer** erfüllt. Diese Anforderungen können wie folgt zusammengefasst werden:

1. Die Unternehmung hat eine **Verantwortung** wahrzunehmen, die ihr einerseits als Element der Gesellschaft zukommt (Übernahme von Aufgaben zur Bewältigung von Problemen bzw. Befriedigung gesellschaftlicher Bedürfnisse) und die sich andererseits daraus ergibt, dass unternehmerisches Handeln Auswirkungen auf Mensch und Natur hat.

---

1 Zur unternehmungsbezogenen Konfliktforschung vgl. die Beiträge in Dlugos (1979).

2. Die Unternehmung hat in einen **Dialog** mit ihren Anspruchspartnern zu treten, um die «wirklichen» Probleme und Bedürfnisse zu erfahren und sich darauf zu einigen, welche Probleme gelöst bzw. welche Bedürfnisse befriedigt werden müssen. Dieser Dialog ist notwendig, weil es einerseits die objektive Wirklichkeit nicht gibt und andererseits unterschiedliche Werthaltungen (Werkpluralismus) und Interessen existieren.

3. Es genügt aber nicht, «nur» einen verbalen Konsens mit den Anspruchspartnern zu erzielen. Es reicht nicht aus, wenn «nur» der Wille vorhanden ist, in guter Absicht gemeinsam bestimmte Probleme anzugehen. Ebenso braucht es die geistigen Fähigkeiten, d.h. die Problemlösungsfähigkeit, und entsprechende Ressourcen (Menschen, Kapital, Know-how, Informationen usw.), um die anstehenden Probleme und Aufgaben, die sich aus dem Dialog ergeben haben, zu bewältigen. Dazu sind oft **innovative Lösungen** nötig.

Diese drei Anforderungen bilden die Grundlage für die Glaubwürdigkeit der Unternehmung, wie sie im nächsten Kapital dargelegt wird.[1]

---

[1] Verschiedene Autoren betonen explizit mehr oder weniger stark die Bedeutung der Glaubwürdigkeit bzw. des Vertrauens. Vgl. z.B. Demuth (1987, S. 15), Enderle (1988a, S. 9), Fasching (1981, S. 67/71/74), Gugelmann (1986, S. 1040f.), Kiefer (1985, S. 70), Krauer (1987, S. 10, 1988, S. 6f.), Laufer (1988), Loucks (1987, S. 4), The Business Roundtable (1988b, S. 9), Schmitz-Dräger (1984, S. 16), Silk/Vogel (1976, S. 33ff.), Kouzes/Posner (1993).

Kapitel 2

Glaubwürdigkeitsstrategie und ihre Elemente

2.1 Glaubwürdigkeit der Unternehmung
2.1.1 Begründung der Glaubwürdigkeit

Betrachtet man die Unternehmung als ein Teilsystem eines übergeordneten gesellschaftlichen Systems, so kann die Legitimation der gesellschaftlichen Ansprüche an die Unternehmung in zweifacher Hinsicht erfolgen.

Erstens sind alle Menschen sowohl unmittelbar als auch mittelbar in irgendeiner Art und Weise vom wirtschaftlichen Handeln betroffen. Im Vordergrund stehen dabei insbesondere die negativen Auswirkungen (negative externe Effekte) unternehmerischen Handelns. Die **Betroffenheit** wird damit zu einem zentralen Kriterium.

Zweitens stellt sich die Frage, welche Unternehmungen aus gesamtgesellschaftlicher Perspektive überhaupt einen sinnvollen Beitrag zum gesellschaftlichen Leben im allgemeinen und zum Wirtschaftsleben im speziellen leisten. Diese Frage ist nicht zuletzt deshalb berechtigt, weil sowohl dieses übergeordnete gesellschaftliche System als Ganzes als auch einzelne Teilsysteme (Gruppen) nicht nur vom wirtschaftlichen Handeln betroffen sind, sondern auch die Produktionsfaktoren als Voraussetzung für dieses Handeln zur Verfügung stellen. Dafür wird in der Regel eine Entschädigung oder ein Gegennutzen erwartet. Problemlos ist dabei die Entschädigung der klassischen Produktionsfaktoren Kapital, Arbeitsleistungen oder maschinelle Anlagen, die von einzelnen Gruppen (Kapitalgeber, Mitarbeiter, Lieferanten) zur Verfügung gestellt werden und in der Regel über den Markt abgegolten werden. Problematisch wird es hingegen bei jenen Gütern, die nicht einzelnen Gruppen, sondern dem System als Ganzes gehören. Zu denken ist beispielsweise an Wasser, Luft, Bodenschätze und Pflanzen. Diese **kollektiven Güter,** die einst als freie Güter bezeichnet worden sind, weil sie in praktisch beliebiger Menge zur Verfügung standen und deshalb auch keinen Preis und keinen Mark hatten, werden immer mehr zu knappen Gütern, über die nicht mehr frei verfügt werden kann. Denn der Einsatz dieser Güter bedeutet nicht nur einen Gebrauch, sondern führt häufig zu einem Verbrauch, das heisst zu einem endgültigen Untergang. Daraus lässt sich für die Gesellschaft als «Eigentümerin» dieser Güter das Recht ableiten, über deren Verwendung mitbestimmen zu können.

Doch wer darf diese kollektiven Güter benutzen, und unter welchen Bedingungen werden sie von der Gesellschaft zur Verfügung gestellt? Eine Analogie zum Produktionsfaktor Kapital mag hier hilfreich sein, indem man sich fragt, unter welchen Bedingungen ein Kreditgeber einen Kredit vergibt. Dies ist wohl dann der Fall, wenn der Kreditgeber davon überzeugt ist, dass der Kreditnehmer das Geld gewinnbringend einsetzen wird, so dass er nicht zur sein Geld, sondern darüber hinaus auch eine angemessene Verzinsung erhalten wird. Er muss deshalb abklären, ob der Kreditnehmer die dazu notwendigen fachlichen Fähigkeiten und charakterlichen Eigenschaften besitzt, oder mit anderen Worten, ob er sich als **kreditwürdig** erweist.

Überträgt man diese Gedanken auf kollektive Güter wie zum Beispiel Luft oder Wasser, so wird die Benutzung dieser «Produktionsfaktoren» nur dann gewährt, wenn sie auch sinnvoll eingesetzt werden, das heisst wenn die Gesellschaft als Ganzes einen Nutzen hat. Solche kollektiven Güter werden deshalb nur solchen Unternehmungen gegeben, die durch die Befriedigung gesellschaftlicher Ansprüche einen Nutzen garantieren und somit das Vertrauen verdienen. In diesem Sinne müssen diese Unternehmungen ebenfalls «kreditwürdig» sein, wobei der Kredit nicht in Form von Geld, sondern in Form von Luft, Wasser, Rohstoffen usw. gegeben wird. Deshalb soll nicht von der Kreditwürdigkeit sondern von der **Glaubwürdigkeit** gesprochen werden. Man glaubt der Unternehmung, dass sie der überlassenen Produktionsfaktoren würdig ist, weil sie diese aufgrund ihrer gesellschafts- und naturorientierten Denkhaltung und ihrer fachlichen Fähigkeiten sinnvoll einsetzen wird. Glaubwürdig sein heisst nichts anderes, als dass man die Unternehmung für würdig hält, eine Funktion in der Gesellschaft zu übernehmen. Man schenkt ihr Glauben und Vertrauen[1] in bezug auf das, was sie

---

1 King (1988, S. 478) versucht zu begründen, warum einerseits eine wachsende Notwendigkeit für Vertrauen besteht und warum auf der anderen Seite den Voraussetzungen für das Vertrauen zu wenig Beachtung geschenkt wird.

sagt oder tut. Damit schafft sie für die Gesellschaft einen effektiven Wert, wie dies mit dem Wort «wirtschaften» ursprünglich gemeint war.[1]

2.1.2 Glaubwürdigkeit als Leitmotiv

Glaubwürdigkeit zeigt der Unternehmung, dass sie von der Gesellschaft akzeptiert wird, dass sie die ethischen Leitlinien unternehmerischen Handelns befolgt hat und dass ihre Beziehungen zu den verschiedenen Anspruchsgruppen auf einer gegenseitigen Vertrauensbasis beruhen. Eine hohe Glaubwürdigkeit bedeutet zudem, dass eine Unternehmung

- einerseits die Anspruchspartner richtig verstanden und wahrgenommen hat (dies ist um so wichtiger, als sie nicht mit allen Anspruchspartnern in direkten Kontakt treten kann und somit stellvertretende Entscheidungen im Sinne dieser Partner treffen muss) und
- andererseits die Forderungen der Anspruchspartner nicht nur richtig verstanden und wahrgenommen hat, sondern auch durch unternehmerisches Handeln und Einsatz der zur Verfügung stehenden Ressourcen richtig umgesetzt hat.

Die Glaubwürdigkeit wird damit zum obersten **Leitmotiv** und **Beurteilungskriterium unternehmerischen Handelns.** Sie wird sich bei einer lebensbejahenden und zukunftsgerichteten Denkweise auf sämtliche in Frage kommenden Anspruchsgruppen beziehen, insbesondere auf:

- die unmittelbaren Geschäftspartner (Mitarbeiter, Kapitalgeber, Lieferanten usw.),
- die mittelbar oder unmittelbar betroffenen gesellschaftlichen Gruppen oder deren Vertreter,
- die Natur mit ihren vielfältigen Erscheinungsformen (z.B. Pflanzen, Tiere, Wasser, Luft),
- die zukünftigen Generationen, die ebenfalls ein Recht auf ein gutes Leben haben.

---

[1] Etymologisch lässt sich das Wort «wirtschaften» nämlich von «Wert schaffen» ableiten. In Anlehnung an den kameralistischen Ökonomen Baumstark, der «Wert» definiert als den «Grad der Tauglichkeit eines Gutes **für menschliche Zwecke**», kommt Ulrich zum Schluss, dass Wirtschaften somit «eine ‹wertschaffende› Veranstaltung (‹Wertschöpfung›), orientiert am ethischen Massstab der humanen Qualität der zu schaffenden Werte», sei. (P. Ulrich 1988, S. 2).

| 2.1.3 | **Glaubwürdigkeitsstrategie** |

Wird die Glaubwürdigkeit zum obersten Leitmotiv unternehmerischen Denkens und Handelns, so erreicht eine Unternehmung diese nur dann, wenn sie

1. die **Einsicht** hat, dass das eigene Handeln nicht Selbstzweck sein kann und darf, und wenn sie sich der Verantwortung für die Konsequenzen bewusst ist, die sich aus ihrem Handeln in und für die Gesellschaft ergeben,
2. die **Bereitschaft** vorhanden ist, die Probleme, die gelöst werden müssen, gemeinsam zu erkennen und zu bestimmen; dies bedeutet, dass sie offen gegenüber ihrer Umwelt ist, ein ehrliches Verhalten an den Tag legt und um die Akzeptanz ihrer Anspruchspartner auch tatsächlich bemüht ist,
3. die **Fähigkeit** hat oder auch zu entwickeln versucht, die aufgeworfenen und als relevant betrachteten Probleme zu lösen und die artikulierten Bedürfnisse zu befriedigen.

Deshalb ist es für eine Unternehmung unerlässlich, im Rahmen ihrer Unternehmungspolitik eine bewusste und aktive **Glaubwürdigkeitsstrategie** zu formulieren und zu implementieren, um ihre Glaubwürdigkeit dauernd unter Beweis zu stellen und ihren festen Willen zu manifestieren. Glaubwürdigkeit muss in einem fortwährenden Prozess erworben werden, sie kann nicht mit einem einzigen Akt erkauft werden.[1] Grundsätzlich ist eine Glaubwürdigkeitsstrategie damit nicht ein Instrument, welches eine Unternehmung dann einsetzen kann, wenn sie aufgrund bestimmter belastender Ereignisse oder Anschuldigungen einem (öffentlichen) Druck ausgesetzt ist.[2] Vielmehr geht es darum, einen Weg aufzuzeigen, wie eine Unternehmung mit ihrer Umwelt umgehen kann, damit solche Konfrontationen gar nicht erst entstehen.

Aufgrund der bisherigen Ausführungen können für eine solche Glaubwürdigkeitsstrategie drei Handlungskomponenten unterschieden werden, nämlich das **verantwortliche,** das **kommunikative** und das **innovative** Handeln. Diese drei Komponenten bilden die **konstitutiven Elemente** einer aktiven Glaubwürdigkeitsstrategie. Je besser es einer Unternehmung gelingt, diese Handlungskomponenten in die Praxis umzusetzen, desto glaubwürdiger wird sie erscheinen. Wie aus ▶ Abb. 12 ersichtlich, hängen diese drei Elemente eng miteinander zusammen und führen nur im gegenseitigen Wechselspiel zum angestrebten Ziel, d.h. zu Glaubwürdigkeit und Vertrauen. Im folgenden sollen die einzelnen Komponenten vertieft behandelt werden.

---

1 Vgl. Laufer (1988), der dies am Beispiel des Vertrauens des Mitarbeiters zeigt.
2 Für eine solche Sichtweise vgl. beispielsweise Achleitner (1985), Dyllick (1989), Kilpatrick (1985), Mitroff (1988), Mitroff/Kilmann (1984a), Mitroff/Kilmann (1984b). Diese Thematik wird daher vielfach unter dem Titel «Krisenmanagement», «Sozialpolitische Strategien», «Umweltmanagement» oder «Issues Management» behandelt.

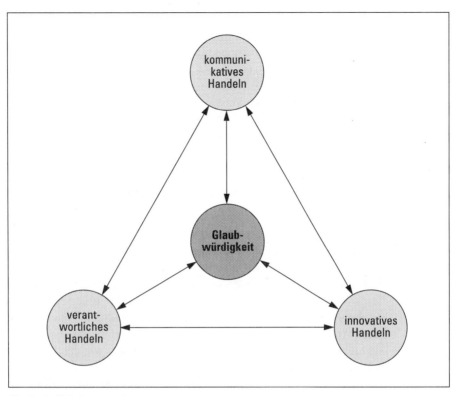

▲ Abb. 12   Glaubwürdigkeitsstrategie

2.2 Kommunikatives Handeln

2.2.1 Interpretation der Kommunikation

Wenn man heute von einer Kommunikationsgesellschaft spricht, so wird häufig nur an die «technische» Seite der Kommunikation gedacht, welche als Grundlage zur effizienten Steuerung von Prozessen, zum Treffen von Entscheidungen oder zum Vermitteln von Anordnungen dient.[1] Im Mittelpunkt steht der sogenannte Datentransfer, der meist als einseitiger Datenfluss in die formalen Elemente Kommunikator (Quelle der Information), Aussage (Inhalt der Information), Medium (materieller Träger der Information) und Rezipient (Empfänger der Information) unterteilt wird. Das Zustandekommen sozialer Kommunikation wird dann in der zumindest teilweisen «Identität des für die Aussage benötigten

---

[1] Zu den folgenden Ausführungen vgl. Steiner (1988).

Zeichenvorrats des Kommunikators mit demjenigen des Rezipienten»[1] gesehen. Das Ziel eines solchen Datentransfers liegt meistens darin, diesen Prozess so zu gestalten, dass der Informationsinhalt klar, eindeutig und einleuchtend ist. Damit will man von vornherein erstens Rückfragen vermeiden, zweitens Einwendungen entkräften und drittens den Empfänger zum beabsichtigten und gewünschten Verhalten führen. Eine solche Vorgehensweise vergisst aber die «menschliche» Seite der Kommunikation. Der Begriff Kommunikation leitet sich vom lateinischen Wort «moenia» (= Stadtmauern, Stadt, Haus) ab, aus welchem das Verb «communico» gebildet wurde. Dieses hat drei Bedeutungen:[2]

1. gemeinsam machen, vereinigen,
2. teilen, mitteilen, teilnehmen lassen, Anteil nehmen,
3. sich beraten, besprechen.

Damit wird deutlich, was der Lateiner unter «kommunizieren» verstanden hat. Ein «municeps» (Stadtbürger) bildet mit seinen Mitbürgern aufgrund der gemeinsamen Stadtmauern eine Gemeinschaft. Wenn ich nun das Leben innerhalb der Stadtmauern mit meinen Mitbürgern teile, dann muss ich auch «mitteilen», wobei dieses Wort im doppelten Sinne zu verstehen ist: Einerseits lasse ich meinen Mitbürger an meinem Leben teilnehmen und andererseits nehme ich an seinem Leben Anteil. Dies kann nur in einem Gespräch (Dialog) geschehen, in dem ich mit meinem Mitbürger bespreche und auch berate, wie das Leben innerhalb der Stadtmauern zu gestalten sei.

Aus diesen Ausführungen wird deutlich, dass Kommunizieren nicht nur ein Informationsaustausch zwischen zwei gleichberechtigten Partnern sein muss, sondern auch gegenseitige Anteilnahme bedeutet, in welcher der eine auf den andern eingeht. Dies ist schon deshalb notwendig, weil man eine Lebensgemeinschaft bildet, man voneinander abhängig ist und nur mit gemeinsamen Kräften den sich stellenden Problemen entgegentreten kann. Im Altertum bedeutete dies der gemeinsame Kampf gegen den Hunger, gegen Naturkatastrophen, gegen Tiere oder gegen menschliche Feinde. Heute steht die Bedrohung des Menschen durch die weltweite Zerstörung der natürlichen Lebensgrundlagen im Vordergrund. Infolge der zunehmenden Globalisierung in fast allen Bereichen des menschlichen Lebens geht es nicht mehr nur um ein gutes Leben oder ein Überleben einer Stadt, sondern des menschlichen Lebens schlechthin.

Diese Betonung der technischen bzw. Vernachlässigung der menschlichen oder besser der **gemeinschaftlichen** Seite der Kommunikation führt nach Steiner (1988, S. 232) zu folgenden belastenden Auswirkungen (Kommunikationsdefekten) für

---

[1] Meyers Enzyklopädisches Lexikon, Band 14, S. 90.
[2] Vgl. Petschenig (1965, S. 117).

2.2 Kommunikatives Handeln

unsere Gesellschaft im allgemeinen und für die Mitarbeiter einer Unternehmung im besonderen:[1]

- **Mangelndes Selbstverständnis** aufgrund unklarer Rollenverhältnisse und mangelnden Rollenbewusstseins. Ich kann mich nicht mehr er-leben, weil ich meinen Partner nicht mehr teilnehmen lasse und keine Rückmeldungen mehr erhalte.
- **Mangel an Fremdverständnis,** da eine Einweginformation stattfindet, bei der das Resultat vorgegeben ist, statt dass eine Übereinstimmung durch gegenseitige Abstimmung zu erreichen versucht wird. Dies führt zu einem
- **Gefühl, nicht verstanden zu werden,** weil die einseitigen Rollenverteilungen (Informationssender, Informationsempfänger) kein Eingehen und Auseinandersetzen auf und mit dem anderen zulassen. Erfahrungsgemäss werden dabei eigene Kommunikationsschwächen weniger stark wahrgenommen als diejenigen anderer.
- **Aufrechterhalten des Scheins,** damit die kognitive Dissonanz[2] zwischen Realität und unseren idealen Vorstellungen oder eigentlichen Bedürfnissen überwunden werden kann.
- **Verlorenheit** nicht «teilnehmender» und nicht «teilhabender» Personen und Gruppen unserer Gesellschaft, «die in der Folge dieser Verhältnisse ... nicht mehr zu Worte kommen, nicht mehr *wahr-genommen* werden, dies bewusst erleben und sich mit ebenfalls frustrierten Zeitgenossen verbinden ... Dieser Mangel an Geborgenheit beschleunigt den Zerfall unserer hoch-zivilisierten Gesellschaft.» (Steiner 1988, S. 232)

Zur Überwindung dieser negativen Phänomene bedarf es der **echten** Kommunikation, d.h. dem Teilnehmenlassen und der Anteilnahme, zur Berücksichtigung und Abstimmung der gemeinsamen langfristigen Interessen.[3] Die Furcht, sich nicht durchsetzen zu können, oder vor einem Zeitverlust infolge langwieriger Diskussionen, vermag als Einwand nicht zu überzeugen. Zu Recht stellt Steiner in diesem Zusammenhang fest, dass eine dadurch erlangte Zeitersparnis «bei genauerem Hinsehen lediglich als Verkürzung der Zeit bis zum Zusammenbruch heute noch mühsam aufrechterhaltener Strukturen und Machtverhältnisse» wirkt. (Steiner 1988, S. 232)[4]

---

1 Vgl. auch Steuber (1987, S. 96), der aus der Sicht der Praxis die Bedeutung des Dialogs zwischen den Mitarbeitern in bezug auf die Lebensqualität betont.
2 Zur kognitiven Dissonanz vgl. beispielsweise Hoyos/Kroeber-Riel/Rosenstiel/Strümpel (1980, S. 344ff.).
3 Schultheiss (1988b, S. 23) spricht von einer «ganzheitlichen Kommunikation».
4 Volk (1988) zeigt auf der Mitarbeiterebene, wie falsches kommunikatives Verhalten zu «inneren Kündigungen» führt.

Kommunikatives Handeln im Rahmen einer Glaubwürdigkeitsstrategie bedeutet deshalb grundsätzlich, dass sich die verschiedenen Interessengruppen als echte Kommunikationspartner verstehen. Damit entsteht eine wechselseitige Beziehung, bei der die Unternehmung diese Anspruchsgruppen nicht nur als Informationsempfänger, sondern auch als Informationssender betrachtet.[1]

Diese Sichtweise hat aber eine radikale Umkehr von einer «einseitigen» sozialen Verantwortung (Social Responsibility), im Sinne einer paternalistischen Haltung gegenüber den Betroffenen,[2] zu einer **konsensorientierten** sozialen Verantwortung mit einem «zweiseitigen» Verantwortungsbegriff (Social Responsiveness[3]) zur Folge (vgl. ▶ Abb. 13). Zu letzterem gehört die Fähigkeit, «für die sozioökonomischen Präferenzen der von unternehmerischen Handeln Betroffenen empfänglich zu sein und ihnen zu ‹entsprechen›. Man könnte auch sagen, es geht um das **sozialökonomische Wertberücksichtigungspotential des Unternehmens.**» (P. Ulrich 1987b, S. 139)

Am Beispiel des Gewinnes würde das konsensorientierte Management erfordern, dass die Vorstellungen der verschiedenen Anspruchsgruppen einerseits bei der Bestimmung der Höhe des geplanten Gewinnes und andererseits bei der Verteilung des effektiven Gewinnes[4] berücksichtigt werden müssten. Damit wäre es in Anlehnung an Schrader eigentlich sinnvoll, nicht mehr von einem Gewinn zu sprechen (weil dieser Begriff zu stark als Grösse im Zusammenhang mit der Unternehmung bzw. der Kapitaleigner gesehen wird), sondern als «that part of corporate revenue which is available for distribution among stockholders, management and labor, and for reinvestment in the corporation's business operations» (Schrader 1987, S. 601) sowie für weitere Anspruchsgruppen.

Das konsensorientierte Management wird interessanterweise auch von **juristischer** Seite vorgeschlagen. Aufgrund der Erkenntnis, dass die Wirksamkeit der Steuerung wirtschaftsethischer Probleme durch staatliche Interventionen nur beschränkt ist, etwa wegen Schwierigkeiten bei der Durchsetzung oder wegen der langen Reaktionszeit auf Veränderungen, soll der Staat von dieser Funktion – zumindest teilweise – entlastet werden. Einen Ausweg aus dieser Situation sieht Baudenbacher darin, dass eine Reduktion der staatlichen Tätigkeit zugunsten von marktlichen Lösungen vorgenommen wird, die auf Selbstverantwortung basieren.

---

1 Vgl. Krulis-Randa (1989, S. 50).
2 Es ist Camenisch zuzustimmen, wenn er schreibt: «Paternalism, which in the present context means the need for some to rely on the voluntary goodwill and intentions of others, is increasingly out of fashion in this society for a number of good reasons.» (Camenisch 1987, S. 230)
3 Der Begriff «responsiveness» wird allerdings unterschiedlich interpretiert. Vgl. z.B. Carroll (1979) und Epstein (1987).
4 Vielfach kann die Höhe des Gewinnes gar nicht vorausgesagt werden, weil er als Resultante des gesamten unternehmerischen Handelns sowie externer Einflüsse vielen unvorhergesehenen Einflussfaktoren unterliegt.

2.2 Kommunikatives Handeln

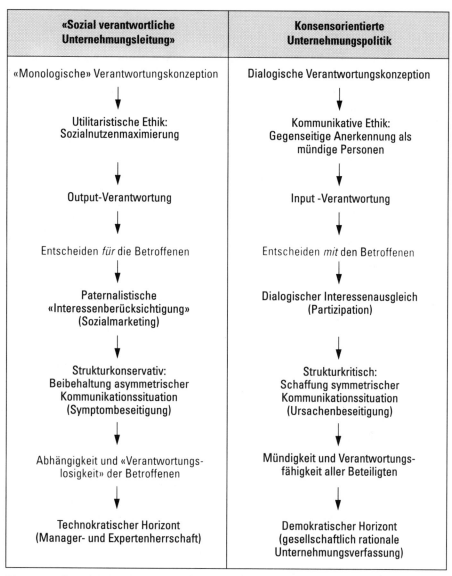

▲ Abb. 13 Monologischer versus dialogischer Verantwortungsbegriff (P. Ulrich/Fluri 1986, S. 59)

Gemeint sind damit Lösungen, bei denen die angestrebten Ergebnisse, «nicht hoheitlich angeordnet, sondern durch **diskursive Verständigung** erreicht werden.» (Baudenbacher 1985, S. 69) Dies hätte eine Umstellung von hoheitlicher Rechtssetzung auf die Steuerung von Kooperations- und Koordinationsverfahren zwischen den Betroffenen zur Folge. Der Staat hätte dann bei einer aktiven Beteiligung an einem solchen Diskurs im wesentlichen folgende neue Aufgaben zu übernehmen:

1. Gerechte Ergebnisse können nur erzielt werden, wenn am ausgehandelten Vertrag zwei oder mehrere gleichwertige Partner beteiligt gewesen sind. Um die Funktionsfähigkeit solcher Verhandlungen im Hinblick auf das (gerechte) Ergebnis sicherzustellen, hat der Staat auf Seiten der schwächeren Partei helfend tätig zu sein.
2. Der Staat wird auch bei gleichwertigen Vertragspartnern zum direkten Verhandlungsbeteiligten, um die Richtigkeitsgewähr im Rahmen der parastaatlichen Rechtssetzung sicherzustellen. Der Staat bringt seine Interessen und Forderungen ein, die von den Vertragsparteien berücksichtigt werden müssen. Entsprechend muss der Staat mit Verhandlungsmacht ausgestattet werden, was in der Regel mit der Möglichkeit der Drohung, eine hoheitliche Regulierung anzuordnen, gewährleistet wird. (Baudenbacher 1985, S. 69f.)

2.2.2 Gestaltung der Kommunikation (Kommunikationskonzept)

Aufgrund der bisherigen Ausführungen wird deutlich, dass die Unternehmung mit einem klaren **Kommunikationskonzept,** d.h. einer bewusst gestalteten Kommunikation, dieser Aufgabe eines konsensorientierten Managements begegnen sollte. Ein solches Konzept kann grundsätzlich in zwei Elemente aufgeteilt werden, die allerdings – wie dies in einem echten, partnerschaftlichen Dialog der Fall ist – stark miteinander verbunden sind:

1. **Vermittlung der grundlegenden Werte:** Die Unternehmung muss die eigene handlungsweisende Grundphilosophie vermitteln, in welcher sie ihre wirkliche Identität preisgibt und ihre Rolle in und für die Gesellschaft klarstellt. Im Vordergrund steht die **Öffentlichkeitsarbeit,** auf die in einem separaten Abschnitt eingegangen wird.
2. **Wahrnehmen der Anliegen der Anspruchsgruppen:** Die Unternehmung muss versuchen, die Wertvorstellungen und Anliegen der verschiedenen Anspruchsgruppen so gut wie möglich wahrzunehmen.[1]

Dieser gegenseitige Informationsaustausch zur Darstellung der verschiedenen Positionen bildet die Grundvoraussetzung, um eine Harmonisierung der verschiedenen Vorstellungen in Angriff zu nehmen und um eine gegenseitige Akzeptanz zu erreichen. Was ich nämlich nicht kenne, kann ich häufig auch nicht akzeptieren oder lehne es von vornherein ab. Nicht selten ist im Alltag auch zu beobachten, dass man das beurteilt, was man zu glauben kennt. Vorurteile spielen dabei eine

---

1 Vgl. Abschnitt 2.2.3 «Öffentlichkeitsarbeit».

2.2 Kommunikatives Handeln

nicht unwesentliche Rolle. Dadurch entsteht für eine Unternehmung eine gefährliche Tendenz, indem ihr Handeln aufgrund von Vermutungen und/oder Vorurteilen bewertet wird. Auf der anderen Seite läuft die Unternehmung in der gleichen Weise aber auch Gefahr, gar nicht die eigentlichen Interessen aussenstehender Gruppen zu erkennen, sondern sich aufgrund eigener Interpretationen und aufgrund von Vorurteilen ein Bild zu machen.

Kommunikatives Handeln in Form eines Dialoges ist aber nicht nur in dem Sinne zu verstehen, dass eine Unternehmung in direktem Kontakt mit einer bestimmten Anspruchsgruppe stehen muss. Dies würde das Management überfordern, wäre auch aus praktischen Gründen (Zeitaufwand) gar nicht denkbar. Es müssen deshalb verschiedene Formen der Kommunikation unterschieden werden:[1]

1. Direkter (unmittelbarer) Kontakt, der in mündlicher oder schriftlicher Form stattfinden kann.
2. Indirektes (mittelbares) Wahrnehmen von Interessen, welche von den Anspruchsgruppen über öffentliche Demonstrationen, Medien, eigene Publikationen sowie viele andere Ausdrucksformen kundgetan werden.[2]

Auch P. Ulrich (1987b, S. 141 ff.) verweist auf Situationen, in denen «aus prinzipiellen oder situativen, strukturellen oder personellen Gründen eine vernunftgeleitete dialogische Verständigung mit den Handlungsbetroffenen nicht möglich ist». In Anlehnung an Oppenrieder (1986, S. 15) sind es vor allem folgende Gründe, die eine dialogische Verständigung und Konfliktlösung erschweren oder unmöglich machen:[3]

1. Es bestehen zeitliche Zwänge, die eine sofortige Entscheidung notwendig machen. Ein Aufschieben würde in jedem Fall ein schlechteres Ergebnis als der Dialog bringen.
2. Die Betroffenen sind nur schwer (z.B. wegen einer grossen geographischen Distanz) oder überhaupt nicht (wie dies bei zukünftigen Generationen der Fall ist) zu erreichen.
3. Die Betroffenen können die Voraussetzungen für diese Form der Problemlösung nicht erfüllen. Einerseits kann es an der Bereitschaft oder andererseits an den Fähigkeiten der Betroffenen fehlen, an dieser Form der Problemlösung zu partizipieren.

---

[1] Baur (1988) stellt aus praxisorientierter Sicht ein konkretes Instrumentarium dar, mit dem die wichtigsten Meinungen der Kunden (und auch Mitarbeiter) über die Funktionsweise der Unternehmung oder eines Teilbereichs erfasst werden können. Interessanterweise nennt er dieses Konzept «Managing im Interesse des Kunden».
[2] Vgl. z.B. Holliger (1986), welche dies am Beispiel der Abteilung für Konsumentenfragen des Migros-Genossenschafts-Bundes zeigt.
[3] Vgl. auch Hoffmann/Rebstock (1989, S. 673 ff.).

4. Es müssen erhebliche Risiken eingegangen werden, falls eine Lösung über den Dialog gesucht wird.
5. Aus Kapazitätsgründen können nie alle Probleme durch Kommunikation gelöst werden. Zumindest drängt sich eine Beschränkung auf relevante Konfliktsituationen auf.

Gerade für den letzten Fall stehen für P. Ulrich zwei Möglichkeiten offen, dieses Problem zu lösen:[1]

1. **Situationsethik der stellvertretenden Entscheidung:** «Wo die dialogische Situation nicht oder nicht in nützlicher Zeit geschaffen werden kann, kommt ein Verantwortungsträger nicht um eine ‹einsame› Entscheidung herum. Für diese einseitige Verantwortungsübernahme gibt es, wo sie unumgänglich ist, jedoch kein besseres ethisches Regulativ als dieses: In der ‹einsamen› Reflexion die nicht realisierbare dialogische Verantwortung – das Rede-und-Antwort-Stehen vor den Betroffenen – stellvertretend in Gedanken vorzunehmen und deren denkbare kritische Einwände selbstkritisch zu prüfen.
2. **Strukturkritische Verantwortungsethik:** Es müssen die institutionellen Voraussetzungen geschaffen werden, damit die Interessen aller Beteiligten bereits strukturell verankert sind und gar nicht erst in einem Dialog in Erfahrung gebracht werden müssen. Ein solches Instrument ist nach P. Ulrich die offene Unternehmungsverfassung,[2] welche «als **Verfahrensordnung** verstanden werden» kann, «der die Funktion zukommt, die Regeln und die Verfahrensweise des unternehmungspolitischen Interessensausgleichs für alle Beteiligten verbindlich festzulegen.» Eine solche «**prozedurale** Minimalethik ... impliziert einen **konstitutionellen** Basiskonsens über ein rechtswirksames System von Grundnormen und unentziehbaren Grundrechten aller Beteiligten oder Betroffenen zur Wahrung ihrer legitimen Interessen im unternehmungspolitischen Willensbildungsprozess.»

---

1 P. Ulrich (1987b, S. 142); vgl. auch P. Ulrich (1988a, S. 105ff.).
2 Ausgehend von der Verfassung als rechtliche, normative Beziehungsregelung kann nach Wunderer (1983b, S. 37) unter Unternehmungsverfassung folgendes verstanden werden: «a) die Normierung der Führungsorganisation von in Marktwirtschaften tätigen Wirtschaftsbetrieben (institutioneller Aspekt), b) ein System normativer Pflichten und Rechte von Mitgliedern der Führungsorganisation (personeller Aspekt).» Die Unternehmungsverfassung beschreibt dabei oder normiert vor allem die Beziehungen zwischen der Unternehmung und den verschiedenen Anspruchsgruppen. Wunderer (1983b, S. 37) bezeichnet dieses Beziehungskonzept in Analogie zum Führungsstil als «Unternehmungsstil».
    Zur Unternehmungsverfassung vgl. die verschiedenen Beiträge in Bohr/Drukarczyk/Drumm/ Scherrer (1981) sowie die Beiträge von Bleicher/Leberl/Paul (1989), Chmielewicz (1984), Müller-Seitz (1988), Steinmann/Gerum (1978), Steinmann/Löhr (1987), P. Ulrich (1980, 1981), Weitzig (1979, S. 156ff.), Witte (1978) und Wunderer (1983b).

Schliesslich ist noch zu betonen, dass ein kommunikatives Handeln selbstverständlich sowohl die ausserbetriebliche als auch die innerbetriebliche Kommunikation umfasst.[1]

2.2.3 Öffentlichkeitsarbeit

2.2.3.1 Merkmale der Öffentlichkeitsarbeit

Jene staatlichen Angelegenheiten, welche das Volk betrafen, nannten die alten Römer «res publica», d.h. eine öffentliche[2] Sache. Sie sollte jedermann zugänglich sein, da sie ein Gemeingut war und dem Gemeinwohl, dem Volke also, diente. Aus der «res publica»[3] entstand dann der Begriff «Republik», mit dem eine Staatsform bezeichnet wird, bei der das Volk (oder ein Teil davon) die souveräne Macht besitzt und deren oberstes Staatsorgan nur auf Zeit bestellt bzw. gewählt wird.[4] Damit grenzt sich die Republik insbesondere von der Monarchie ab, bei der ein einziger die Macht hat. Für Max Weber ergeben sich daraus folgende Konsequenzen:

> «Damit nun diese Macht auf alle verteilt werden kann und allen gehört, muss sie transparent sein, und die Mechanismen und Abläufe bzw. die Informationen über sie müssen allen gleich zugänglich sein: Das ist eben die ‹offene Sache›, die Öffentlichkeit der Dinge. Die USA z.B. haben für die Transparenz ihrer Staatstätigkeit ein Öffentlichkeitsgesetz erlassen (Freedom of Information Act), das jedem Bürger und Einwohner erlaubt, alle Fragen an die Verwaltung zu stellen und auch die Antworten zu erhalten. Damit wird explizit dem ursprünglichen grossartigen Gedanken der ‹offenen Sache› (res publica) Rechnung getragen.» (Max Weber 1988, S. 215)

Da die Unternehmung immer mehr zu einem öffentlichen und immer weniger zu einer privaten Sache wird[5] – sie beeinflusst je länger desto stärker das öffentliche Leben, das Gemeinwohl – hat sie genauso wie der Staat die Betroffenen über ihre

---

1 Im Rahmen der innerbetrieblichen Kommunikation ist beispielsweise auf den betriebswirtschaftlich-politologischen Ansatz von Dlugos zu verweisen, in welchem es um die Determinierung kollidierender Handlungsspielräume zwischen Führenden und Geführten auf der Basis einer symmetrischen Relation geht. Vgl. dazu Dlugos (1974, 1977, 1981) sowie Dorow (1978). Für eine Zusammenfassung des Ansatzes von Dlugos vgl. Thommen (1986, S. 160ff.).
2 Die Bedeutungen des Adjektivs «publicus» sind einerseits «dem Volke gehörig» und andererseits «öffentlich, allgemein» (Petschenig 1965, S. 405).
3 «Nur der lateinischen Sprache und der römischen Staatsauffassung eigener Begriff, der den gemeinsamen Interessenkomplex des römischen Volkes oder Staates und die Summe dessen, was vom Staat mit Hilfe bestimmter Institutionen zu bewerkstelligen ist, sowie diese Institutionen selbst und die Staatsgewalt beinhaltet» (Meyers Enzyklopädisches Lexikon, Band 20, S. 38).
4 Meyers Enzyklopädisches Lexikon, Band 20, S. 26.
5 Vgl. dazu P. Ulrich (1977).

Tätigkeiten, über ihre Anliegen und Angelegenheiten zu informieren, d.h. öffentlich zugänglich zu machen. Dabei hat sie sich zu bemühen, ihre Öffentlichkeitsarbeit im Sinne einer echten Kommunikation zu gestalten.[1]

Public Relations ist aber häufig nach wie vor eine lineare Kommunikation, d.h. sie ist klar ausgerichtet auf eine einseitige Senderabsicht. Deshalb ist sie nicht geeignet, in der Kommunikation die bestehenden sozialen Konflikte zu bewältigen.[2] Gefragt sind nicht billige Alibi-Übungen, welche die Realität verschleiern, sondern Aktivitäten, die sich an der Realität orientieren und sich mit ihr auseinandersetzen. Das heisst insbesondere, dass solche Themen aufgegriffen werden sollen, die auch interessieren, unabhängig davon, ob sie angenehme oder unangenehme Sachverhalte betreffen. Dies gilt genau gleich für die Analyse der Anspruchsgruppen. Deshalb wird auch die Forderung verständlich, dass die Public Relations unter Berücksichtigung dieser **zweiseitigen** Beziehungen neu definiert werden muss.[3]

Die Selbstdarstellung der eigenen Identität muss deshalb über die herkömmlichen Public Relations-Konzepte hinausgehen.[4] In diesem Zusammenhang ist der Begriff Corporate Identity zu einem vielgebrauchten und vieldiskutierten Begriff sowohl in der Praxis als auch in der Theorie geworden. Nur allzu häufig wird er jedoch als Schlagwort verwendet oder missbraucht, ohne die tieferen Gründe seines eigentlichen Sinnes zu verstehen. Im nächsten Abschnitt soll deshalb auf dieses Konzept näher eingegangen werden.

2.2.3.2 Corporate Identity-Strategie

Aufgabe einer Corporate Identity-Strategie ist es, die eigene Unternehmungsidentität als geschlossenes Ganzes sowie als ihr Selbstverständnis im Innen- und Aussenverhältnis zu vermitteln. Unter der Identität kann man die «Persönlichkeit eines Unternehmens» verstehen, die in den Werthaltungen ihren Ursprung hat

---

1 Für eine detaillierte Betrachtung der Anwendung ethischer Theorien auf die Public Relations vgl. Bivins (1987).
2 Gerken (1987, S. 147); vgl. auch Schultheiss (1988a).
3 Hodler/Ritter (1987, S. 567f.) ergänzen die Public Relations deshalb durch das **Monitoring,** welches «als eine von **aussen nach innen** gerichtete Teilaktivität der Public Relations» bezeichnet wird. Das Monitoring hat die Aufgabe, Trends und Entwicklungen zu erfassen und diese zur Formulierung und Modifizierung der Unternehmungsstrategie zur Verfügung zu stellen (vgl. dazu auch die Ausführungen weiter oben in diesem Kapitel).
4 Hamilton (1986, S. 16ff.) unterscheidet in Anlehnung an Grunig/Hunt vier Formen von Public Relations-Konzepten: «press agentry» bzw. «propaganda», «public information», «two-way asymmetric» und «two-way symmetric».

und sich im ganzen Erscheinungsbild der Unternehmung äussert, also in ihrer Unternehmungskultur und in ihren Verhaltensweisen gegenüber ihren unmittelbaren Geschäftspartnern sowie den von ihren Geschäftstätigkeiten mittelbar Betroffenen. Voraussetzung für das Verfolgen einer solchen Strategie ist, dass das Verhalten und die Erscheinung der Unternehmung mit ihrem formulierten Selbstverständnis eine Einheit bilden und übereinstimmen.[1]

Eine Corporate Identity-Strategie setzt sich im wesentlichen aus drei Elementen zusammen, die im sogenannten Corporate Identity-Mix zusammengefasst und aufeinander abgestimmt werden müssen:[2]

1. **Corporate Communications:** Diese umfassen den systematisch kombinierten Einsatz aller Kommunikationsinstrumente. Sie betreffen alle betrieblichen Bereiche, insbesondere aber das Marketing (Werbung, Verkaufsförderung, Öffentlichkeitsarbeit usw.) und den Personalbereich (Personalwerbung).
2. **Corporate Design:** Bei diesem Element geht es um die symbolische Identitätsvermittlung mit Hilfe eines systematisch aufeinander abgestimmten Einsatzes aller visuellen Elemente der Unternehmenserscheinung, wie unternehmenstypische Zeichen, Farben, Schrifttypen und Gestaltungsraster.
3. **Corporate Behavior:** Dieses Verhalten fordert eine in sich schlüssige und damit widerspruchsfreie Ausrichtung aller Verhaltensweisen der Unternehmensmitglieder (und zwar vom Topmanager bis zum Portier).

Die Abstimmung dieser drei Elemente erfolgt im Bemühen um ein widerspruchsfreies System unternehmerischer Handlungen und Kommunikation gegenüber den internen und externen Gruppen. Ziel ist der Aufbau eines **Corporate Image,** «welches Identifikations- und Unterstützungspotentiale schafft und generell die Basis für Aspekte wie Glaubwürdigkeit, Akzeptanz oder sogar Zuneigung bildet» (Wiedmann 1988, S. 237). Sowohl für externe wie interne Gruppen schafft es die Voraussetzung für eine Identifikation mit der Unternehmung,[3] die sich bei den Mitarbeitern in einer erhöhten Motivationsbereitschaft, bei den externen Gruppen in einer erhöhten Kooperationsbereitschaft ausdrückt.[4] Mit Nachdruck weist Wiedmann aber auch auf die Gefahren hin, die mit einer Corporate Identity-Strategie verbunden sind, insbesondere auf die Gefahr einer «kommunikationspolitischen Schönfärberei», d.h. etwas vorzugeben, was gar nicht der Realität entspricht. «Im Gegensatz dazu muss eine effiziente Corporate Identity-Strategie

---

1 Vgl. Scheuch (1987, S. 26), Wiedmann (1988, S. 237 f.).
2 Nach Wiedmann (1988, S. 237).
3 Nach Mohn (1987, S. 61) schaffen ein ständiger Dialog und eine ausführliche Information beim Mitarbeiter «Verständnis, Vertrauen und Identifikation» mit seinem Unternehmen.
4 Lutz (1988, S. 20 f.) zeigt die möglichen Auswirkungen einer Kommunikationspolitik im Unternehmen auf.

zunächst immer an der Gestaltung der Unternehmensidentität im Spannungsfeld von unternehmerischen Zielsetzungen und den Erwartungen, Forderungen und Bedürfnissen der (internen und externen) Öffentlichkeit ausgerichtet sein» (Wiedmann 1988, S. 237). In diesem Sinne soll im folgenden Abschnitt auf die zu beachtenden Prinzipien im Rahmen einer echten Kommunikation mit den Anspruchspartnern eingegangen werden.

2.2.3.3 Prinzipien der Öffentlichkeitsarbeit

Versucht man, das kommunikative Handeln in Form von Öffentlichkeitsarbeit auf eine Glaubwürdigkeitsstrategie auszurichten, so können in Anlehnung an Röglin/Grebmer (1988, S. 70ff.)[1] vier Prinzipien unterschieden werden, die berücksichtigt werden sollten.[2]

1. **Personale Kommunikation: Prinzip der verhaltensorientierten Öffentlichkeitsarbeit.** Die Kommunikation beginnt mit demjenigen, der kommunizieren will. Er legt mit seinem Verhalten den Grundstein für die Glaubwürdigkeit. Denn dieses allein ist letztlich Wirklichkeit und somit sichtbar und überprüfbar. Informationen wirken glaubwürdig, wenn das dahinter steckende Verhalten glaubwürdig ist. Echte Öffentlichkeitsarbeit kann und darf nur das sichtbar machen und vermitteln, was wirklich gelebt wird. Durch die Übereinstimmung von Wort und Tat strahlt sie Glaubwürdigkeit aus. Dieses Prinzip betrifft alle Mitarbeiter, unabhängig von der Führungsstufe, denn mit seinem Verhalten sowohl innerhalb als auch ausserhalb der Unternehmung beeinflusst jeder Mitarbeiter, wenn auch in unterschiedlichem Ausmass, das Bild über die Unternehmung.

Die Glaubwürdigkeit ist somit nicht nur eine Frage der Quantität oder Qualität der Informationen, sondern primär eine Frage der Qualität des Informanten, der nichts anderes als sein Verhalten, seine Absichten und seine Wertvorstellungen vermitteln will. Nicht zu überschätzen ist auch der Gewinn von Sympathie und Vertrauen dadurch, dass der Wille zu Offenheit, Ehrlichkeit und Wahrheitsgehalt erfahrbar wird (Schultheiss 1988b, S. 234).

---

1 Vgl. auch Wiedmann (1987, S. 34ff.), der verschiedene Thesen für einen effizienten Dialog mit der Öffentlichkeit nennt.
2 Die gleichen Prinzipien gelten auch für die innerbetriebliche Kommunikation. Für eine Diskussion der Forderung nach einer offenen und ehrlichen Kommunikation innerhalb der Unternehmung vgl. Serpa (1985). Stoner (1988, S. 212) betont die Bedeutung der Kommunikation zur Erreichung von Vertrauen und Glaubwürdigkeit im Rahmen der Partizipation der Mitarbeiter.

2. Interaktive Kommunikation: Prinzip der mitwirkungsorientierten Kommunikation.
Röglin/Grebmer machen darauf aufmerksam, dass die als sozialpsychologischer Befund ausgemachte Vertrauenskrise häufig als Informationsdefizit gedeutet worden ist.

> «Diese Fehldeutung beruht auf der Annahme, der Mensch sei unbeschränkt fähig, Informationen zu verarbeiten, und werde ausserdem, wenn er sie verarbeitet hat, verstehen und akzeptieren. Damit wird versucht, die Akzeptanzfrage zu beantworten, ohne die Frage nach der Akzeptabilität überhaupt gestellt zu haben. Die Verkennung dieses Sachverhaltes hatte zur Folge, dass gerade das Bemühen um immer mehr Informationen dazu führte, dass der Mensch immer weniger verstand. Der Bürger erhielt mehr Informationen, als er sinnvoll in sein Leben einzuordnen vermochte.» (Röglin/Grebmer 1988, S. 70)

Dies führte nach Röglin/Grebmer sowohl zu einer quantitativen als auch qualitativen Überinformation. Diese Problematik kann aber nicht nur durch eine bessere Selektion der Informationen gelöst werden, denn ein solches Vorgehen würde verkennen, dass die Glaubwürdigkeit nicht nur ein Problem der (quantitativ und qualitativ) «richtigen» Informationen ist, sondern auch eine Frage, wie diese Informationen vermittelt werden. Dies bedeutet insbesondere, dass man von einem einseitigen Informationsprozess absieht und eine dialogische Form wählt. Verneint man diese Form der Kommunikation, so würde man in arroganter Weise unterstellen, dass man die Informationsbedürfnisse ganz genau kennt und sich für fähig hält, sämtliche Fragen abschliessend beantworten zu können. Richtig informieren kann nur, wer weiss, welche Informationen gefragt sind. Deshalb hat man in einen Dialog zu treten, denn dieser ermöglicht es,

- auf jene Fragen einzugehen, die auch tatsächlich interessieren: «Jede Kommunikationsstrategie ist aus den Köpfen derer zu entwickeln, an die sie sich wendet. Sonst werden nur Fragen beantwortet, die keiner stellt, während das, was den Menschen wirklich bedrängt, unbeachtet und unbeantwortet bleibt. Gerade das aber bewirkt Unglaubwürdigkeit.» (Röglin/Grebmer 1988, S. 72);
- komplexe Fragen zu beantworten, weil damit Unklarheiten durch Rückfragen ausgeräumt werden können;
- bestimmte Fragen und somit Informationsbedürfnisse hervortreten zu lassen, weil diese gar nicht immer bekannt oder bewusst sind. Vielfach sind nur allgemeine Gefühle, Meinungen, Unbehagen vorhanden, die erst in der Diskussion zu den wesentlichen Fragen konkretisiert werden können.

Eine solche dialogische Form der Kommunikation hat für die Unternehmung zudem den Vorteil, dass auch sie Fragen stellen kann. Damit ergibt sich beispielsweise die Möglichkeit, sich nicht nur nach den Umweltauswirkungen bei der Herstellung eines Produktes (aus-)fragen zu lassen, sondern auch zurückzufragen, welche Konsequenzen (z.B. Arbeitsplatzabbau, Verminderung der

Produktqualität, Erhöhung des Preises) sich daraus ergeben und ob diese in Kauf genommen würden.[1]

3. **Totale Kommunikation: Prinzip der rückhaltlosen Öffentlichkeitsarbeit.** Glaubwürdigkeit wird nur dann erreicht, wenn eine vollständige Information stattfindet. Eine Unternehmung wirkt nicht glaubwürdig, wenn sie nur Positives verkündet, das Negative aber zu verheimlichen oder zumindest zu verschweigen versucht. Dies bedeutet nun nicht, dass in erster Linie das Negative interessieren würde, aber jeder weiss aus Erfahrung, dass jede Sache meistens eine positive und eine negative Seite hat. Die negative zu verschweigen oder herunterzuspielen hat besonders dann schwerwiegende Konsequenzen, wenn sie in aller Deutlichkeit, z.B. in Form einer Umweltkatastrophe wie in Schweizerhalle (Sandoz), zum Vorschein kommt. Es ist deshalb «dem öffentlichen Bewusstsein klarzumachen, dass der Preis eines Produktes nicht nur in Geldeinheiten zu messen ist, sondern jedes Produkt auch mit Belastung, Belästigung und Risiko bezahlt wird.» (Röglin/Grebmer 1988, S. 72)[2]

Zu einer vollständigen Informationspolitik gehört aber auch einzugestehen, dass man noch nicht über das notwendige bzw. wünschenswerte Wissen verfügt, um die anstehenden und erkannten Probleme lösen zu können.[3] Man darf nicht so tun, als ob man alles oder alles besser wisse. Es liegt in der Natur des menschlichen Erkenntnisprozesses, dass Wissen erarbeitet und gesichert geglaubtes Wissen wieder umgestossen werden kann. Diese Einsicht hat Krauer als Verwaltungsratspräsident der Ciba Geigy AG zu folgender Aussage veranlasst:

> «Ich denke, vor allem müssen wir auch dazu stehen, was wir nicht wissen und was wir nicht tun können. Was immer getan wird, soll echter Problemlösung dienen. Wir müssen uns vor Alibi-Übungen und Scheinlösungen hüten, die nur symptombezogen, nicht aber ursachenbezogen wirken. Wir wollen und dürfen keine Aktionen anbieten, die von traditioneller Public Relation-Mentalität geprägt sind. Wir müssen vielmehr die Kritik als Herausforderung ernst nehmen, sonst wird sich die Kluft zwischen der Industrie und grossen Teilen der Gesellschaft weiter öffnen.» (Krauer 1987, S. 8)

---

1 Als konkretes Beispiel kann das Vorgehen von Krauer (Verwaltungsratspräsident der Ciba Geigy AG) genannt werden, der 1988 an einer Pressekonferenz die Bevölkerung der Region Basel über die Medien angefragt hat, ob sie den Produktionsstandort Basel noch akzeptiere, unter der Bedingung, dass die Ciba Geigy AG in den nächsten fünf Jahren 800 Millionen Franken in die Verbesserung der Sicherheit und Umweltverträglichkeit ihrer Produktionsanlagen investieren werde. (Vgl. dazu einen Artikel in der Neuen Zürcher Zeitung vom 22. April 1988 (Nr. 93, S. 33), wo bereits mit dem Titel «Ciba Geigy stellt der Regio Basiliensis die Gretchenfrage» auf das aussergewöhnliche Vorgehen Krauers aufmerksam gemacht wurde.)

2 In diesem Sinne gibt es kein Nullrisiko, es bleibt immer ein Restrisiko. Vgl. auch Krauer (1987) und Eigenmann (1975).

3 Dies gilt beispielsweise für das Instrument der Sozialbilanz, in welchem die Unternehmung einen gesellschaftsbezogenen Rechenschaftsbericht vorlegen will (vgl. Schultheiss 1988a).

4. **Offene Kommunikation: Prinzip der nicht-akzeptanzorientierten Öffentlichkeitsarbeit.** Versucht man, die einzelnen Mitglieder und Gruppen einer Gesellschaft als echte Partner zu begreifen, dann muss man ihnen auch eine eigene Meinung zugestehen, die von der Meinung und den Werten der Unternehmung abweichen kann. Ziel der Öffentlichkeitsarbeit kann es nicht nur sein, dass der andere mein Handeln akzeptiert. Dies würde bereits implizieren, dass ich mein Handeln als einzig richtig betrachten würde, das ich deshalb auch nichts zu ändern brauche. Öffentlichkeitsarbeit hat primär Fakten transparent zu machen, so dass ein rationales Abwägen, ein rationaler Entscheidungsprozess sowie ein sachlicher Dialog überhaupt möglich wird. Damit können Vorurteile und irrationale Argumentationen verhindert werden. Röglin/Grebmer (1988, S. 22) sagen dazu treffend:

> «Gefährlich ist die Irrationalität, nicht die ‹andere› Ansicht. Von der leben wir alle; denn tagtäglich sind wir alle in irgendeinem Belang ‹anderer› Ansicht. Wer einem Menschen den Denkprozess abnimmt oder abnehmen will, ist unglaubwürdig, weil manipulatorisch.»

Und derjenige, an den sich solche manipulatorische Informationen richten, spürt dies sofort. Dies führt Röglin/Grebmer zum auf den ersten Blick widersprüchlichen Schluss, dass derjenige, welcher Akzeptanz erreichen will, sie gar nicht wollen darf. Der scheinbare Widerspruch («wenn ich Akzeptanz will, darf ich sie nicht wollen») löst sich aber dahingehend auf, dass ich zwar die Akzeptanz als einen idealen Zustand betrachte, dass ich aber meinem Partner nicht eine Akzeptanz abringen soll, d.h. die Informationen so präsentieren, dass er gar keine echte Wahl mehr hat, weil seine Zustimmung bereits vorweggenommen worden ist. Dies ist häufig dann der Fall, wenn ich meine Lösung unternehmerischer Probleme als die richtige, als die einzig mögliche unterstelle, weil sie an und für sich gut ist oder aufgrund von Sachzwängen gar nicht anders gestaltet werden kann.

2.2.3.4 Zusammenfassung

Die Ausführungen zur Kommunikation zeigen deutlich, dass Glaubwürdigkeit nur das Resultat eines Prozesses sein kann. Akzeptanz kann ich nicht erfragen, sondern muss sie erarbeiten. Dabei können verschiedene Schritte unterschieden werden:

1. **(Er)kennen** von Informationen: Zuerst müssen die wesentlichen Sachverhalte deutlich gemacht werden, damit ich überhaupt eine sachliche und rationale Entscheidungsbasis habe. Dies ist auch die Grundvoraussetzung, damit ich in eine von beiden Seiten akzeptierte Diskussion eintreten kann. Solange ich

davon ausgehen muss, dass der andere mir Informationen verschweigt, fehlt die Vertrauensbasis.
2. **Verstehen** von Informationen: Oft hat man zwar die gewünschten Informationen, aber kann damit nichts anfangen, weil sie zum Beispiel in einer Sprache formuliert sind, die gar nicht verstanden werden kann. Oft merkt man auch gar nicht, dass man die Informationen nicht richtig verstanden hat. Dies kann zu unliebsamen Missverständnissen führen, womit einmal mehr die Bedeutung des Dialogs deutlich wird.
3. **Verständnis** für den vermittelten Sachverhalt: In einem nächsten Schritt kann man versuchen, Verständnis für sein Handeln oder seine Situation zu wecken, indem die Zusammenhänge aufgezeigt werden, die mit einem Problem verbunden sind.[1] Verständnis haben kann dann auch heissen, dass man eine Entscheidung oder eine Handlung aufgrund seiner eigenen Wertvorstellungen zwar grundsätzlich nicht billigen kann, sich aber in die Lage des anderen versetzen und nachvollziehen kann, warum dieser so entschieden und gehandelt hat.
4. **Akzeptanz** eines Sachverhaltes: Sobald ein Handeln gebilligt wird, kann man von Akzeptanz sprechen. Dieses beruht also auf der Zustimmung des Akzeptierenden. Auch wenn dessen allgemeine Wertvorstellungen nicht unbedingt mit den meinen übereinstimmen, kann er meine Entscheidung und mein Handeln akzeptieren, weil er erkannt hat, dass ich stets um ein gutes Handeln bemüht bin oder dass ich die beste der zur Verfügung stehenden Lösungen anstrebe.

2.3 Verantwortliches Handeln

Verantwortung tragen bedeutet vom Wort her nichts anderes als zu antworten, Red und Antwort zu stehen und die Konsequenzen zu tragen, sei es, um beispielsweise einen zukünftigen Schaden zu verhindern, oder sei es, um einen Schaden so gut als möglich zu beheben. Allgemein bezeichnet Verantwortung nach Höffe[2] eine dreistellige Beziehung, nämlich

> «die Zuständigkeit *von* Personen *für* übernommene Aufgaben bzw. für das eigene Tun und Lassen, auch für Charaktereigenschaften *vor* einer Instanz, die Rechenschaft fordert: z.B. vor einem Gericht, vor den Mitmenschen, auch vor dem Gewissen oder vor Gott.» (Höffe 1986, S. 263f.)

---

1 Steinmann/Löhr (1988, S. 306) sprechen im Zusammenhang mit einem konkreten Fall (Auseinandersetzungen der Nestlé mit verschiedenen Gruppen, nachdem sie wegen ihrer Marketing-Methoden für Säuglingsnahrung in Ländern der dritten Welt angeklagt worden war) von einem *Situationsverständnis*, das die Voraussetzung für einen Konsens und somit auch für die Beilegung des Konfliktes bildete.
2 Vgl. auch Jöhr (1985, S. 585f.).

2.3 Verantwortliches Handeln

Damit weist der Verantwortungsbegriff drei konstitutive Element auf, nämlich

1. den Inhalt der Verantwortung,
2. den Träger der Verantwortung und
3. die Beurteilungs- oder Kontrollinstanz über die Wahrnehmung der Verantwortung.[1]

Enderle (1988b, S. 53f.) weist zu Recht darauf hin, dass es einen Handlungsspielraum (Kompetenzen) braucht, um Verantwortung überhaupt wahrnehmen zu können.

Gerade wegen seiner Fähigkeit zur Verantwortung wird der Mensch sowohl zu einem Rechtssubjekt als auch zu einem ethischen Subjekt, das für sein Handeln und dessen Folgen einzustehen hat und deshalb mit Strafe und Belohnung bzw. Achtung und Verachtung bedacht wird (Höffe 1986, S. 264).

Ausgehend von dieser allgemeinen Umschreibung können für eine Unternehmung[2] drei Aspekte der Verantwortung[3] unterschieden werden:[4]

1. **Kausale Verantwortung:** Gemäss diesem Aspekt ist eine Unternehmung für jene Probleme verantwortlich, die sie selber verursacht hat.[5] Falls sie zum Beispiel ein Gewässer verschmutzt hat, ist sie dafür und damit für die sich daraus ergebenden Konsequenzen (z.B. Reinigung, Schadenersatzzahlungen) verantwortlich.[6] Bei der kausalen Verantwortung handelt es sich um eine Ex-post-Betrachtung. Diese Form der Verantwortung lässt sich in der Regel leicht feststellen; hingegen führt die Frage, ob ein Selbstverschulden vorliege oder nicht, häufig zu heftigen Auseinandersetzungen. Eine Antwort hängt dabei nicht unwesentlich vom Umfang der Fähigkeitsverantwortung ab (vgl. dazu Punkt 3).[7]

---

1 Vgl. dazu Hunziker (1980, S. 16ff.), Rühli (1985, S. 132ff.).
2 Speziell für eine Führungsverantwortung (Mitarbeiterebene) vgl. Enderle (1986).
3 Vgl. Feldmann/Kelsay/Brown (1986, S. 94), die vier Komponenten einer Verantwortung unterscheiden.
4 Vgl. beispielsweise Toffler (1986, S. 34ff.). Goodpaster (1983, S. 4ff., 1984a, S. 146ff.) spricht analog von einer «causal» (bzw. «holding accountable»), «rule-following» und «decision-making» responsibility.
5 Guerette (1986, S. 410) spricht sogar von einem Gewissen der Unternehmung: «Having a corporate conscience means that a company takes responsibility for its actions, just as any conscientious individual would be expected to do. In corporate terms, this means that a company is accountable to the public for its behavior not only in the complex organizational environment but in the natural physical environment as well. A company is thus responsible for its product and for its effects on the public.»
6 Wicke (1987, S. 76) formuliert dies besonders deutlich für die Chemische Industrie: «Eine soziale Marktwirtschaft kann nur dann voll funktionieren, wenn die Unternehmen nicht nur Gewinne machen dürfen, sondern auch alle Kosten der Produktion, einschliesslich der Schadenersatzkosten, tragen.»
7 Jonas (1984, S. 172) ist der Ansicht, dass ein angerichteter Schaden gutgemacht werden muss, «auch wenn die Ursache keine Übeltat war, auch wenn die Folge weder vorausgesehen noch beabsichtigt war.»

2. **Rollen-Verantwortung:** Verantwortung kann im organisatorischen Sinne als Pflicht eines Aufgabenträgers angesehen werden, für die zielentsprechende Erfüllung einer Aufgabe oder Rolle, die ihm zugewiesen worden ist, Rechenschaft abzulegen.[1] Dies gilt auch für eine Unternehmung als Institution.[2] Im Rahmen einer Gesellschaft bildet sie einen Teil dieses übergeordneten Systems und innerhalb dieses Systems hat sie bestimmte Aufgaben zu erfüllen. Dies gibt ihr gewisse Rechte, aber auch Pflichten. Als Teil der Gesellschaft hat sie sich an den Ansprüchen verschiedener Interessengruppen (Kunden, Lieferanten, Gläubiger, Arbeitnehmer, Staat) zu orientieren. Ein Teil dieser Ansprüche wird über die Austauschbeziehungen des Marktes befriedigt. Es verbleiben aber zusätzliche Ansprüche, die sich aus den Wertvorstellungen der Öffentlichkeit ableiten. Der Unternehmung wird damit eine bestimmte Rolle in der Gesellschaft zugewiesen, über deren Erfüllung sie Rechenschaft ablegen muss.[3]
3. **Fähigkeitsverantwortung:** Eine Unternehmung ist verantwortlich für solche Situationen, für die sie auch fähig ist, eine Problemlösung anzubieten.[4] Im Gegensatz zur kausalen Verantwortung handelt es sich nicht um die nachträgliche Rechnung für das Getane, sondern um die Determinierung des «Zu-Tuenden» (Jonas 1984, S. 174) und somit um eine Zukunftsbetrachtung. Ich fühle mich also nicht primär für mein Verhalten und dessen Folgen verantwortlich, «sondern für die **Sache,** die auf mein Handeln Anspruch erhebt.» (Jonas 1984, S. 174) Ich bin für etwas verantwortlich, das ausserhalb von mir liegt, «aber im Wirkungsbereich meiner Macht, auf sie angewiesen oder von ihr bedroht.» (Jonas 1984, S. 175) Damit wird die Macht zu einem entscheidenden Faktor: «Die Sache wird meine, weil die Macht meine ist und einen ursächlichen Bezug zu eben dieser Sache hat.» (Jonas 1984, S. 175) Diese Macht hat in den letzten Jahrzehnten ungeheuer stark zugenommen, so stark, dass der Mensch durch diese Macht in die Lage versetzt worden ist, «alle anderen (und damit auch sich selbst) zu gefährden.» (Jonas 1984, S. 247) Parallel mit diesem

---

1 Dabei gilt der allgemein bekannte und akzeptierte Grundsatz, dass der Umfang der Aufgaben, Kompetenzen und Verantwortung einander entsprechen müssen (vgl. z.B. Thommen 1996c, S. 140).
2 Für eine allgemeine Betrachtung der Rolle der Unternehmung in der Gesellschaft vgl. Brauchlin (1985).
3 Das Ausmass der Rollenverantwortung hängt auch damit zusammen, welche Bedeutung die Unternehmung in einer Gesellschaft hat oder wie es Purcell ausgedrückt hat: «Greater social power requires greater social responsibility.» (Purcell 1975, S. 46)
4 Dieser Meinung ist auch Fasching (1981, S. 62). Dabei geht die Öffentlichkeit bei der Bemessung des Fähigkeitspotentials oft von den zurückliegenden, vergangenen wirtschaftlichen Erfolgen aus, welche die Unternehmung im einzelnen und die Wirtschaft als ganzes aufweisen können. Dies führt dann nicht selten dazu, dass die Erwartungen zu hoch und zu unrealistisch ausfallen.

Machtzuwachs ist aber entsprechend die Verantwortung gewachsen. Die inhaltliche Umschreibung dieser Art von Verantwortung bringt allerdings etliche Schwierigkeiten mit sich. Wann ist eine Unternehmung fähig, ein bestimmtes Problem – zum Beispiel die Entwicklung eines sicheren oder umweltfreundlichen Produktes – zu lösen? Dies hängt in erster Linie von der Innovationsfähigkeit sowie den zur Verfügung stehenden Ressourcen ab.

Verantwortliches Handeln einer Unternehmung kann aufgrund dieser Unterscheidung folgendermassen interpretiert werden: Eine Unternehmung als Teil der Gesellschaft ist verantwortlich für die Auswirkungen ihrer Handlungen auf die mittelbar und unmittelbar Betroffenen unter Berücksichtigung des Verursacherprinzips, der allgemeinen Rollenerwartungen sowie ihrer eigenen Fähigkeiten.

Die Unternehmung hat dabei letztlich ihre eigene Position zu bestimmen, die sie in der Gesellschaft einnehmen will und für die sie die Verantwortung zu übernehmen bereit ist. Diese originäre unternehmerische Aufgabe kann sie nicht delegieren, sondern muss sie unter Berücksichtigung ökonomischer Sachzwänge und sich zum Teil widersprechender Ansprüche verschiedener Interessengruppen sowie auch der eigenen ethischen Vorstellungen und Unternehmungsziele selber bestimmen. Hauptproblem ist dabei die Harmonisierung der verschiedenen Ansprüche.

2.4 Innovatives Handeln

2.4.1 Ziele und Arten von Innovationen

In der unternehmungsethischen Diskussion wird oft vergessen, dass sich ethisches und unternehmerisches Handeln in keiner Weise widersprechen müssen, sondern in Einklang miteinander stehen, einander sogar bedingen. Unternehmerisches Handeln bedeutet nämlich primär innovativ sein, um die Bedürfnisse der Kunden besser zu befriedigen als die Konkurrenz. Doch dies ist genau das, was auch ethisches Handeln in starkem Masse verlangt. Denn es gilt, sowohl für bestehende Probleme bessere Lösungen als auch für neuartige Probleme optimale Lösungen zu finden, um den Forderungen der Anspruchspartner gerecht zu werden.[1] Krauer (1988, S. 4) spricht von einer sachbezogenen (im Gegensatz zur verhaltensbezogenen) Antwort auf die Erwartungen der Öffentlichkeit:

---

1 Meffert/Benkenstein/Schubert (1987, S. 34) glauben, dass «wohl nur die **kreative Umsetzung ökologischer Forderungen** eine erfolgversprechende und zukunftsgerichtete Verhaltensweise» sei. Wicke (1987, S. 79f.) spricht von marktorientierten Lösungen. Diese bringen «das Eigeninteresse der Wirtschaft allgemein und der chemischen Industrie im besonderen an langfristiger Gewinnmaximierung und stärkerer Umweltvorsorge miteinander in Einklang!»

«In der Sache müssen wir den Beweis erbringen, dass unsere Forschung und unsere Produktion den neuesten Stand der Technik beherrschen und mitbestimmen. Dazu gehört auch die Technik für Umweltschutz und Sicherheit. Die Öffentlichkeit muss uns die Sach- und Fachkompetenz, d.h. die Fähigkeit zur professionellen Problembewältigung, zutrauen.»

Der Effekt erfolgreicher Innovationen wird häufig dahingehend gesehen, «dass die Rentabilität des Unternehmens und damit sein Wachstum im Vergleich zur Konkurrenz steigen (oder weniger rasch sinken)» sollte. (Lutz 1985, S. 53) Dieser Sichtweise kann aber nur teilweise zugestimmt werden, weil sie viel zu einengend ist, d.h. sich nur auf einige wenige Anspruchsgruppen beschränkt. Innovatives Handeln ist gemäss dem Glaubwürdigkeitskonzept primär darauf ausgerichtet, die Glaubwürdigkeit gegenüber sämtlichen Anspruchsgruppen zu erlangen, zu bewahren oder zu erhöhen.

Innovatives Handeln ist insbesondere auch notwendig, um ein qualitatives Wachstum anzustreben, mit dem eine Änderung der bisherigen Struktur und der Ziele des wirtschaftlichen Wachstums erreicht werden soll und gleichzeitig das ökologische Gleichgewicht, d.h. die allgemeinen Lebensgrundlagen, erhalten bleibt.[1] Damit wird auch die Glaubwürdigkeit gegenüber der Natur bzw. zukünftigen Generationen berücksichtigt.

Innovationen können als Prozesse und deren Ergebnisse bezeichnet werden, welche neue oder verbesserte Lösungen zu alten Problemen oder Lösungen zu neuen Problemen anbieten. Diese müssen nicht unbedingt aus gesellschaftlich-wirtschaftlicher Perspektive neu sein, sondern können es auch aus der Sicht einer einzelnen Unternehmung sein.[2] Im allgemeinen unterscheidet man in bezug auf den Anwendungsbereich drei Arten von Innovationen:[3]

1. **Produktinnovationen:** Neuerungen bezüglich der Angebotsleistungen, wobei sich diese auf quantitative, qualitative, zeitliche oder geographische Aspekte beziehen können.
2. **Verfahrensinnovationen:** Neuerungen im leistungs- und finanzwirtschaftlichen Umsatzprozess.
3. **Sozialinnovationen:** Neuerungen im Humanbereich, welche sich auf den einzelnen Mitarbeiter oder auf Gruppen von Mitarbeitern beziehen können.[4]

---

1 Unter qualitativem Wachstum versteht man in Anlehnung an Kreikebaum «ein Wachstum, bei dem pro Kopf der Bevölkerung eine möglichst hohe materielle und immaterielle Bedürfnisbefriedigung mit einer dauerhaft gleichbleibenden oder sogar steigenden Umweltqualität einhergeht.» (Kreikebaum 1988, S. 109)
2 Berth (1988) unterscheidet deshalb je nach Vorgehen bei einer Innovation vier verschiedene Strategien: (1) Imitative Innovation, (2) Transferinnovation, (3) Dampfwalzeninnovation und (4) Hochkreative Innovation.
3 Vgl. z.B. Thom (1986, S. 542, und 1989, S. 111).
4 Vgl. z.B. Goldberg (1977), der auf die Bedeutung von Sozialinnovationen für das Management eingeht.

2.4 Innovatives Handeln

Bereits aus dieser kurzen Auflistung kann erahnt werden, dass die drei Arten von Innovationen stark ineinander greifen bzw. bei einer innovativen Problemlösung mehrere Bereiche betroffen sind. So kann beispielsweise eine Verfahrensinnovation (Verbesserung des Produktionsablaufs) gleichzeitig eine Sozialinnovation (z.B. grösserer Arbeitsinhalt für den einzelnen Mitarbeiter) zur Folge haben.

Innovatives Handeln im Zusammenhang mit einer Glaubwürdigkeitsstrategie kann sich aufgrund dieser verschiedenen Arten von Innovationen in sehr verschiedenen Bereichen zeigen, wie folgende Beispiele veranschaulichen:[1]

- Produkte herstellen, die einem echten Bedürfnis entsprechen, und versuchen, dieses Bedürfnis mit verbesserten Produkten immer besser zu decken.
- Technologien erfinden und verwenden, die für die Umwelt (Natur, Mitarbeiter, Gesellschaft) keine Gefahren mit sich bringen bzw. die Umwelt weniger belasten (z.B. Einsparungen beim Materialverbrauch, Wiederverwendung von sogenannten Abfallmaterialien, Substitution gefährlicher durch ungefährliche Stoffe).[2]
- Produkte mit neuen Vertriebsformen absetzen, welche weniger umweltbelastend sind (z.B. Versuch der Coop, Frischmilch aus Selbstzapfanlagen anzubieten; Verzicht der Coop und der Migros auf Aluminium-Dosen).
- Mit originellen Werbekampagnen den Konsumenten mitteilen und sie zu überzeugen versuchen, dass auch sie einen Beitrag zur Verwirklichung eines ethischen Verhaltens der Unternehmung leisten müssen[3] (z.B. Rückgabe von Joghurt-Gläsern [wie dies die Toni-Molkerei in vorzüglicher Weise gemacht hat und damit sogar ihren Marktanteil und ihre Wettbewerbsfähigkeit erhöhen konnte![4]], Bezahlung höherer Preise [wie dies in Ausnahmefällen anzutreffen ist, z.B. bei Reformprodukten] oder Verzicht auf umweltbelastende Produkte [z.B. Aerosol-Spraydosen]).[5]
- Durch neue Führungs- und Arbeitsformen die Motivation und Arbeitsfreude[6] der Mitarbeiter steigern, wie dies – um nur ein bekanntes Beispiel zu nennen –

---

1 Holliger (1986, S. 109ff.) zeigt verschiedene Innovationen im Marketing, an denen die Abteilung für Konsumentenschutz des Migros-Genossenschafts-Bundes (MGB) massgeblich beteiligt war. Meffert (1986, 1988) macht deutlich, dass sich im Marketing bei einer Ökologieorientierung neue Aufgaben und Herausforderungen ergeben, die auf eine neue Art angegangen werden können. Vgl. auch Raffée/Wiedmann (1986, insbesondere S. 1216ff.).
2 Vgl. die Beispiele in Kreikebaum (1988, S. 120). Winter (1987) gibt ein umfassendes Beispiel (sogenanntes «Winter-Modell») für eine umweltorientierte Unternehmungsführung.
3 Wicke (1987, S. 82f.) spricht in diesem Zusammenhang von einem offensiven Ökomarketing.
4 Vgl. dazu Dyllick (1988).
5 Nach Meffert/Bruhn/Schubert/Walter (1986, S. 156) machen allerdings noch zu wenig Firmen – gerade im Konsumgüterbereich – von dieser Möglichkeit Gebrauch.
6 Letztlich geht es aber darum, der Arbeit Sinn zu geben (vgl. Hersch 1988, S. 58f.; Fürstenberg 1987; Ruh 1985, S. 502). Für eine (historische) Betrachtung der Arbeit aus ethischer Sicht vgl. insbesondere Posner/Randolph/Wortman (1975).

schon vor einiger Zeit Volvo mit der Einführung von teilautonomen Arbeitsgruppen[1] geschafft hat, und zwar erst noch verbunden mit einer Produktionssteigerung.[2]
- Innovative Entsorgung (Schonung der Umwelt).[3]
- Innovativer Umgang mit verschiedenen Anspruchsgruppen, um deren Bedürfnisse zu befriedigen.[4]

Doch beim innovativen Handeln als Element einer Glaubwürdigkeitsstrategie darf nicht ausser acht gelassen werden, dass die Resultate von Innovationen nicht nur Problemlösungen, sondern auch (neue) Gefahren und Risiken in sich bergen können. Zu denken ist etwa daran – und dies hat die Vergangenheit immer wieder mit aller Deutlichkeit gezeigt –, dass eine scheinbar gute Lösung sich in ein paar Jahren als ungenügend erweisen kann. Dies, weil sich unsere Erkenntnisse verändert und erweitert haben oder Auswirkungen eingetreten sind, die nicht voraussehbar waren. Aber Risiken gehören nicht nur zum unternehmerischen Handeln (sie sind sogar besonders typisch für dieses), sondern zum Leben des Menschen schlechthin.[5] Ohne Risikobereitschaft (zu Neuem) wird es keinen Fortschritt geben.[6] Innovatives Handeln ist deshalb ein fortwährender Prozess, der schon deshalb nicht zum Erliegen kommen darf, weil es die perfekte Lösung nicht gibt bzw. eine perfekte Lösung nur zeitpunkt- oder situationsbezogen sein kann.

2.4.2 Optimale Voraussetzungen für Innovationen

Interessant wäre es natürlich zu wissen, welche Voraussetzungen für erfolgreiche Innovationen gegeben sein müssen. Aufgrund einer empirischen Untersuchung kommt Berth (1988, S. 94 ff.) auf verschiedene Kompetenzen, welche vorhanden sein sollten:

---

1 Vgl. dazu auch die Literatur zum Thema Qualitätszirkel (z.B. Beriger 1986, Bungard 1988).
2 Für einen neueren Erfahrungsbericht über das Volvo-Experiment vgl. Jönsson (1982).
3 Vgl. Krauer (1987, S. 8).
4 Vgl. Fadiman (1987, insbesondere S. 109), der an konkreten Beispielen Möglichkeiten aufzeigt, wie mit rechtlich, ethisch und kulturell unbedenklichen Handlungen Schmiergeldforderungen unterlaufen werden können.
5 Deshalb sagt Rühli (1984, S. 81) zu Recht: «Es gibt wohl kaum einen anderen Lebensbereich, in welchem uns das Schöpferische und das Zerstörerische so eng verflochten, so anschaulich und heute auch so herausfordernd entgegengetreten, wie im Industriebetrieb des ausgehenden 20. Jahrhunderts.»
6 Vgl. Krauer (1987, S. 10f., 1988, S. 8), der dies für die Chemische Industrie besonders deutlich vor Augen führt.

2.4 Innovatives Handeln

1. **Kunden-Identifikationskompetenz** (Marktorientierung): Die Identifikation mit dem Kunden kanalisiert unkontrolliert sprudelnde Kreativität in eine bedarfsorientierte Richtung.
2. **Kreative Kompetenz:** Persönliche Neuerungsfreude, welche durch unfertige Lösungen oder unbefriedigende Antworten eine Spannung bzw. eine kognitive Dissonanz hervorruft oder eine solche noch verstärkt.
3. **Gruppendynamische Kompetenz:** Eine hochentwickelte Firmenkultur[1] erlaubt Toleranz gegenüber «spinnerischen Ideen». Interessant ist in diesem Zusammenhang das Ergebnis der Studie, «dass ein Innovator im Unternehmen ohne Firmenkultur oftmals mit einem kleinen Kreis von Menschen, in der Regel seinen engsten Mitarbeitern, eine ‹Kulturzelle› bildet. In diesem Kreis gibt es besondere Spielregeln, die denen einer Firmenkultur ähneln.» (Berth 1988, S. 96)

Betrachtet man diese Kompetenzen für erfolgreiche Innovationen in bezug auf das Konzept der Glaubwürdigkeit, so ist die Kunden-Identifikationskompetenz zu einer **Anspruchsgruppen-Identifikationskompetenz** zu erweitern. Der Innovator muss sich auch mit anderen Gruppen (als dem Kunden) identifizieren können und er muss aus den unbefriedigten Ansprüchen dieser Gruppen eine kognitive Dissonanz wahrnehmen, die ihn zur Überwindung dieser Dissonanz mit Hilfe seiner potentiellen Kreativität führt. Zudem muss er auch an der Erhaltung der natürlichen Umwelt interessiert sein (Umwelt-Identifikationskompetenz), damit er Lösungen und Antworten auf die Probleme, die mit der Zerstörung der Umwelt verbunden sind, sucht und findet.

Eine Hauptaufgabe der Unternehmungsführung wird es aber zweifellos sein, ein innovationsfreundliches Klima zu schaffen, das die Voraussetzungen für innovatives Arbeiten ermöglicht. Kieser (1984, S. 7ff.) sieht in Anlehnung an Peters/Watermann (1982) und vor allem Kanter (1983) folgende fünf Merkmale innovationsfördernder Organisationen:[2]

1. **Hoher Stellenwert der Innovation im gelebten Wertsystem:** Die Mythen und Anekdoten in solchen Unternehmungen kreisen um die «Helden» erfolgreicher Innovationen. Innovativem Verhalten wird Beachtung geschenkt (es gibt ein Feedback), entsprechende Freiräume werden gewährt und innovative Ideen werden belohnt und ausgezeichnet.

---

1 Berth (1988, S. 96) gibt eine grosse Anzahl typischer Merkmale für Unternehmungen mit einer hochentwickelten Firmenkultur.
2 Kanter (1983, S. 101) gibt auch «zehn Regeln zur Erschwerung von Innovationen» in sogenannten segmentalistischen Kulturen, d.h. von solchen Organisationen, deren Abteilungen ein Eigenleben führen und in denen keine Kooperation und Kommunikation stattfindet.

2. **Toleranz gegenüber Fehlschlägen:** Misserfolge innovativen Bemühens werden interpretiert als wertvolle Gelegenheit zu lernen, um Erfahrungen zu sammeln, die für neue Ideen wertvoll sein können.
3. **Sicherheit für die Mitarbeiter, Ausbildung, Rotation und langsamer Aufstieg:** Durch eine klare, mitarbeiterorientierte Personalpolitik wird Sicherheit über die eigene Funktion aufgebaut und gleichzeitig die Bereitschaft zu Änderungen geschaffen. Dies ermöglicht eine Arbeitsrotation, welche der Spezialisierung, dem Segmentalismus und dem Individualismus entgegenwirkt.
4. **Unterstützung für Champions:** Eine Unterstützung kann in bezug auf Gewährung von Informationen (offene Informationspolitik, Prinzip der offenen Tür, Face-to-Face-Kommunikation) oder von Personal-, Sach- und Finanzressourcen erfolgen. Letztere sind jedoch nicht unbegrenzt vorhanden; sie sind in einem ständigen internen Wettbewerb mit anderen Projekten zu erkämpfen und nur an die Mitarbeiter mit den besten Ideen zu verteilen.
5. **Evolution, Dezentralisierung und Organisationskultur:** Innovationen entstehen meistens in evolutionären Prozessen. Zwei Bedingungen scheinen dafür günstig zu sein: «eine **stark dezentralisierte Organisationsstruktur mit einfachen, transparenten Managementsystemen und eine Organisationskultur,** die dafür sorgt, dass die dezentralisierte Organisationsstruktur stabilisiert wird und eine Ausrichtung auf zentrale Prinzipien erfährt.» (Kieser 1984, S. 11)

2.5 Glaubwürdigkeitsmatrix als Instrument zur Evaluation der Glaubwürdigkeit

Bereits in Abschnitt 1.2.3 «Zusammenfassung» wurde eine Matrix aufgestellt, mit der einerseits die relevanten Anspruchsgruppen und andererseits die relevanten Themenbereiche (Problembereiche) dieser Anspruchsgruppen erfasst werden können. Diese Matrix kann nun zur sogenannten **Glaubwürdigkeitsmatrix** weiterentwickelt werden, mit welcher die Glaubwürdigkeit der Unternehmung gegenüber verschiedenen Anspruchsgruppen bzw. – noch genauer gesagt – bezüglich der relevanten Problembereiche der verschiedenen Anspruchsgruppen erfasst werden kann. Sie soll letztlich zeigen, inwiefern es der Unternehmung gelungen ist, durch ihr kommunikatives, verantwortliches und innovatives Handeln die angestrebte Glaubwürdigkeit zu erreichen.

▶ Abb. 14 zeigt eine solche Glaubwürdigkeitsmatrix. In den Zeilen sind mögliche bzw. relevante Anspruchsgruppen aufgeführt, in den Spalten die zur Diskussion stehenden Problembereiche. Eine Unternehmung kann nun entweder durch eine

- **interne Selbsteinschätzung** (Eigenbeurteilung) oder durch eine
- **direkte Befragung** (Fremdbeurteilung) der Anspruchsgruppen

2.5 Glaubwürdigkeitsmatrix als Instrument zur Evaluation der Glaubwürdigkeit

Thema / Gruppe	Konsumentenschutz	Arbeitszeit-flexibilisierung	Mitbestimmung	Frauenförderung	Umweltschutz	Produktionsstandort in der Schweiz	...	Total
Konsumenten								
Mitarbeiter								
Kapitalgeber								
Lieferanten								
Staat								
...								
Total								

5: sehr glaubwürdig
4: glaubwürdig
3: neutral (weder glaubwürdig noch unglaubwürdig)
2: unglaubwürdig
1: völlig unglaubwürdig

▲ Abb. 14   Bestimmung der Glaubwürdigkeit gegenüber verschiedenen Anspruchsgruppen

eine Bewertung ihres unternehmerischen Handelns in bezug auf die Glaubwürdigkeit vornehmen. Dabei ist zu beachten, dass eine Unternehmung nicht nur entweder glaubwürdig oder unglaubwürdig sein kann. Im Gegenteil, es können verschiedene Stufen der Glaubwürdigkeit unterschieden werden bzw. eine Unternehmung kann mehr oder weniger glaubwürdig sein. Würde man nämlich davon ausgehen, dass eine Unternehmung entweder nur glaubwürdig oder nur unglaubwürdig sein kann, so würde man gleichzeitig unterstellen, dass ethische Entscheidungen jeweils mit einem klaren Ja oder Nein beantwortet werden könnten. Dies ist aber in der betrieblichen Praxis selten der Fall. Darin besteht gerade die Schwierigkeit ethischer Entscheidungen.[1] Eine maximale Glaubwürdigkeit ergäbe sich nur dann, wenn sämtliche Bedürfnisse einer Anspruchsgruppe befrie-

---

1 Cadbury (1988, S. 124) beklagt sich deshalb über die verschiedenen Anspruchsgruppen, welche sich diesem Problem nicht gegenübersehen und deshalb aus einer eindimensionalen, einseitigen Perspektive argumentieren können. Cadbury (1988, S. 124) spricht in Anlehnung an Pastin (1986) von der «moralischen Überheblichkeit der Vereinfacher» und deutet die Tatsache, dass komplizierte Streitfragen auf einfache Alternativen (nämlich eine richtige und eine falsche) reduziert werden, als ein bedauernswertes Zeichen unserer Zeit.

Gruppe \ Thema	Problembereich 1			Problembereich 2			...			Total
	G	W	G·W	G	W	G·W	G	W	G·W	
Konsumenten										
Mitarbeiter										
Kapitalgeber										
Lieferanten										
Staat										
...										
Total										

Bewertung der Glaubwürdigkeit (G):
5: sehr glaubwürdig
4: glaubwürdig
3: weder glaubwürdig noch unglaubwürdig
2: unglaubwürdig
1: völlig unglaubwürdig

Gewichtung der Glaubwürdigkeit (W):
5: sehr wichtig
4: wichtig
3: weder wichtig noch unwichtig
2: unwichtig
1: völlig unwichtig

▲ Abb. 15   Bestimmung der kritischen Anspruchsgruppen und Problembereiche

digt sind oder die Rechtfertigungsgründe der Nichtbefriedigung vollständig akzeptiert würden.

Aus einer solchen Glaubwürdigkeitsmatrix kann eine Unternehmung – neben dem Grad der Glaubwürdigkeit ihres Handelns in bezug auf einen einzelnen Problembereich einer bestimmten Anspruchsgruppe – folgendes ablesen:

1. Durch Addition der Werte einer Zeile ergibt sich eine aggregierte Glaubwürdigkeit in bezug auf eine Anspruchsgruppe.
2. Durch Addition der Werte einer bestimmten Spalte ergibt sich demgegenüber die Glaubwürdigkeit in bezug auf einen bestimmten Problembereich (z.B. Umweltschutz).

Dieses relativ grobe und einfache Hilfsmittel dient dazu,

- **systematisch** die Glaubwürdigkeit gegenüber den verschiedenen Anspruchsgruppen und mögliche Problembereiche zu erfassen,
- einen **vollständigen** Überblick über die Problematik der Glaubwürdigkeit zu erhalten,
- eine **Beurteilung** des unternehmerischen Verhaltens in bezug auf die Glaubwürdigkeit vornehmen zu können (Kontrollinstrument),

2.5 Glaubwürdigkeitsmatrix als Instrument zur Evaluation der Glaubwürdigkeit

- das **Bewusstsein** für die Wichtigkeit der Glaubwürdigkeit bei den Mitarbeitern zu fördern,
- frühzeitig unglaubwürdiges Verhalten zu erkennen und zu erfassen **(Frühwarnsystem)**,
- durch diese grobe Analyse der Ausgangslage Hinweise für das **weitere Vorgehen** zu erhalten.

Dieses Instrument kann selbstverständlich noch weiter entwickelt werden. ◄ Abb. 15 zeigt eine solche Verfeinerung, indem die **Wichtigkeit** der einzelnen Themenbereiche einer Anspruchsgruppe berücksichtigt wird. So kann beispielsweise für die Lieferanten eine Unternehmung unglaubwürdig in bezug auf ihre Werbung sein, doch ist dies für die Lieferanten vielleicht völlig unwichtig. Mit der Gewichtung durch die Wichtigkeit eines Bereiches können die kritischen Bereiche, denen die Unternehmung – zumindest kurzfristig – besondere Aufmerksamkeit widmen sollte, besser herausdestilliert werden.[1] Kritische Bereiche sind alle jene Bereiche, welche für eine Anspruchsgruppe wichtig sind und bei denen die Unternehmung gleichzeitig unglaubwürdig ist.[2]

---

[1] Dies soll aber nicht heissen, dass unwichtige Bereiche, in denen die Unternehmung unglaubwürdig ist, ausser acht gelassen werden dürfen.

[2] Dies sieht für das Beispiel in ◄ Abb. 7 wie folgt aus: Vernachlässigt man die Bereiche, die ohnehin als weniger wichtig eingestuft werden (deren Wichtigkeit also mit 1, 2 oder 3 bewertet wird) und fordert man, dass das unternehmerische Handeln «glaubwürdig» oder «sehr glaubwürdig» sein sollte (d.h. Bewertung der Glaubwürdigkeit mit 4 oder 5), so sind alle Bereiche kritisch, die «wichtig» oder «sehr wichtig» sind (Bewertung mit 4 oder 5) und gleichzeitig «völlig unglaubwürdig», «unglaubwürdig» oder «weder glaubwürdig noch unglaubwürdig» sind (Gewichtung mit 1, 2 oder 3).

Kapitel 3

Implementierung einer Glaubwürdigkeitsstrategie

3.1 Einleitung

Da unsere Überlegungen mehr von der Meso- oder institutionellen Ebene und weniger von der Mikro- oder individuellen Ebene ausgehen,[1] ist es nicht sinnvoll zu fragen, wie der Mensch sein muss, um ethisch zu handeln, sondern welche institutionellen Voraussetzungen erfüllt sein müssen, damit die Unternehmung bzw. die hinter der Unternehmung stehenden Menschen ethisch handeln wollen und können.[2] Diese Sichtweise geht implizit davon aus, dass die Mitarbeiter – oder zumindest die grosse Mehrheit davon – im Prinzip ethisch handeln würden, wenn die optimalen Rahmenbedingungen dazu gegeben sind.

Auch Waters (1978, S. 4) stellt in diesem Zusammenhang fest, dass die Mehrheit der Leute in Unternehmungen nicht ethischer oder unethischer sind als in anderen Lebensbereichen und dass immer auch einige schlechte und besonders gute darunter anzutreffen sind. Deshalb kommt er zum Schluss, dass das häufig beobachtbare unethische Handeln von Mitarbeitern offenbar in unternehmungsbedingten Tatbeständen zu suchen sei und weniger in persönlichen Motiven.[3] Waters versuchte diese These mit einer empirischen Untersuchung zu belegen.[4] Aus-

---

1 Zur Unterscheidung der verschiedenen Ebenen vgl. Thommen (1996c, S. 447f.).
2 Vgl. Hanson (1984, S. 186), Fleming (1984, S. 217).
3 Vgl. dazu auch Jackall (1988, S. 6).
4 Waters (1978, S. 5) analysierte vor allem Zeugenaussagen, die vor verschiedenen amerikanischen Untersuchungskomitees des Kongresses gemacht worden sind.

gangspunkt bildete seine Beobachtung, dass Mitarbeiter von der Möglichkeit, aufgrund von persönlichen Gewissenskonflikten Alarm zu schlagen,[1] oft nicht Gebrauch machen (Waters 1978, S. 5ff.). Er fragte sich deshalb, welche organisatorischen Umstände und Hindernisse einem solchen Verhalten im Wege stünden. Auf diese Weise hoffte er wichtige Erkenntnisse über die institutionellen Voraussetzungen für ein ethisches Verhalten zu gewinnen.

Die Ergebnisse dieser Arbeit zeigen, dass es verschiedene Hindernisse gibt, welche einen Mitarbeiter davon abhalten, sich gegen unethisches Verhalten zu wehren. Waters spricht von sogenannten **«Organizational Blocks»** und meint damit folgendes:

> «‹Organizational blocks› will be used to describe those aspects of organizations that may get in the way of the natural tendency of people to react against illegal and unethical practices.» (Waters 1978, S. 5)

Waters (1978, S. 5ff.) unterscheidet sieben solcher «organizational blocks», die als unternehmungsbedingte Hindernisse bezeichnet werden können:

- **Hindernis Nr. 1: Starke Rollenschemen** (strong role models). Neben den Stellenbeschreibungen und anderen schriftlichen Dokumenten sind es vor allem die informalen Anweisungen des Vorgesetzten, welche das Verhalten eines neuen Mitarbeiters beeinflussen. Dieser hat das vom Vorgesetzten gewünschte Verhalten anzunehmen und ein ähnliches Denken zu übernehmen, um sich in der neuen Arbeitswelt zurechtzufinden und um akzeptiert zu werden. Eine solche Arbeitssozialisation birgt aber die Gefahr in sich, dass eine Indoktrination von ungesetzlichen und unethischen Praktiken stattfindet. Diese Indoktrination macht es dem betreffenden Mitarbeiter häufig schwer, solche Praktiken als unethisch zu erkennen oder sie abzulehnen. Dieser Vorgang ist besonders bei der Einarbeitung eines neuen Mitarbeiters evident, ist aber im wesentlichen ein kontinuierlicher Prozess.

- **Hindernis Nr. 2: Klare Befehlswege** (strict line of command). Das weitverbreitete Einliniensystem geht davon aus, dass jeder Mitarbeiter nur einen einzigen Vorgesetzten hat. Diesem ist er nicht nur allein verantwortlich, sondern er darf diesen bei der Einhaltung des formalen Dienstweges auch nicht überspringen. Dies kann dazu führen, dass der Mitarbeiter, falls von ihm ein unethisches Verhalten verlangt wird, sich nicht an eine seinem Vorgesetzten übergeordnete Instanz wenden kann, um sich zu beschweren. Doch auch wenn er dies könnte

---

1 Der Terminus technikus für dieses Vorgehen ist im angloamerikanischen Sprachraum **«whistle blowing»**. Im folgenden wird entweder von «Alarm schlagen» oder «Anzeige erstatten» gesprochen, obschon letztere Umschreibung üblicherweise eher im Umgang mit der Behörde gebraucht wird. Für eine differenzierte Betrachtung des Whistle-Blowing siehe Nielsen (1987) und Jensen (1987).

– und sowohl in der Praxis als auch in der Theorie wird diese Möglichkeit offen gelassen –, ist die Abhängigkeit vom direkten Vorgesetzten de facto vielfach zu gross, als dass man eine solche übergeordnete Instanz anrufen würde. Dies nicht zuletzt deshalb, weil der Vorgesetzte aufgrund seiner formalen Kompetenzen über den untergebenen Mitarbeiter (Versetzungen, Belohnungen, Qualifikationen usw.) grosse Macht ausüben und seinen Mitarbeiter mit Drohungen von einem solchen Vorhaben abhalten kann.

- **Hindernis Nr. 3: Arbeitsgruppenzusammengehörigkeit** (task group cohesiveness). Ein bekanntes Phänomen in Organisationen ist die Tatsache, dass Menschen von Gruppen unterstützt werden und sich auf Gruppennormen beziehen, um in zweifelhaften Situationen die «richtigen» Entscheidungen zu treffen.[1] Solche starken Bindungen **innerhalb** einer Gruppe haben aber oft zur Folge, dass die kommunikativen Beziehungen **zwischen** verschiedenen Gruppen in der gleichen Organisation sehr eingeschränkt sein können und die einzelnen Gruppenmitglieder auch weniger empfänglich sind für allgemeine Richtlinien der Unternehmung. Für den einzelnen wird es oft schwierig, aus diesen Gruppennormen auszubrechen und unethisches, von der Gruppe aber akzeptiertes Verhalten abzulehnen oder gar die Gruppe zu verraten.

- **Hindernis Nr. 4: Unklare Prioritäten** (ambiguity about priorities). Die von einer Unternehmung vorgegebenen Ziele sind oft inkonsistent und enthalten nicht lösbare Konflikte. Dadurch wird eine Zielgewichtung nötig, die dem Mitarbeiter ein klares Verhalten erleichtert. Dies wird aber oft unterlassen und der Mitarbeiter wird im Unsicheren gelassen, wie er vorgehen soll. Häufig ist dabei festzustellen, dass «harte» quantitative Zielkriterien (wie Gewinn, Umsatz, Kosten) stärker wiegen als «weichere» qualitative Kriterien (wie soziale Verantwortung, Zufriedenheit der Mitarbeiter), weil erstere einfacher zu diskutieren sind, leichter eine Übereinstimmung erzielt wird und einfacher zu kontrollieren sind. Dieser Umstand wird noch verstärkt, wenn ein dauernder Druck besteht, die Rentabilität der Unternehmung zu erhöhen.

- **Hindernis Nr. 5: Aufteilung der Entscheidungen** (separation of decisions). Gerade in grossen, streng hierarchisch strukturierten Organisationen ist eine weitgehende Zentralisation der Entscheidungskompetenzen zu beobachten. Die Folge ist, dass aufgrund der von oben vorgegebenen Unternehmensstrategie die meisten unteren und mittleren Führungskräfte gar nicht in der Lage sind, bestimmte (unternehmungspolitische) Entscheidungen zu hinterfragen und zu

---

1 Aufgrund empirischer Untersuchungen ist schon lange bekannt, dass beispielsweise die Gruppe das Arbeitsausmass des einzelnen Mitarbeiters (fair day work) bestimmt. Bei Nichteinhaltung ist vielfach mit schweren Bestrafungen seitens der Gruppe zu rechnen.

beeinflussen. Dies wird beispielsweise dort aktuell, wo die Unternehmungsleitung beschliesst oder beschlossen hat, in einem Geschäftsbereich tätig zu sein, in welchem unethische Handlungen (z. B. Bestechungen) üblich sind. Hinzu kommt verstärkend, dass meist kein eindeutiges gemeinsames Unternehmungsvokabular für ethische Fragen zur Verfügung steht, um viele Informationen in relativ wenigen, einfachen und klaren Worten weiterzugeben. Dies erschwert (zeitintensiv, anstrengend) und verhindert letztlich die Kommunikation zwischen Entscheidungsträger und Entscheidungsempfänger.

- **Hindernis Nr. 6: Arbeitsteilung** (division of work). In jeder Organisation muss eine Arbeitsteilung vorgenommen werden, um die Gesamtaufgabe auf die einzelnen Aufgabenträger zu verteilen. Dabei kann zwischen einer horizontalen und einer vertikalen Arbeitsteilung unterschieden werden:
  - Eine **horizontale** Arbeitsteilung beruht im wesentlichen auf einer Aufgabenspezialisierung, die zu Abteilungen mit verschiedenen Funktionen (Aufgaben) führt. Vermuten nun Mitarbeiter einer bestimmten Abteilung, dass in einer anderen unethische Praktiken herrschen, so verzichten diese Mitarbeiter oft auf eine Anzeige, weil sie zu wenig sichere Beweise haben und auch keine Gerüchte in die Welt setzen wollen. Zudem stehen sie oft unter dem Druck, sich in erster Linie um ihre eigene Arbeit zu kümmern und sich nicht in die Arbeit anderer (Abteilungen) einzumischen.
  - Eine **vertikale** Arbeitsteilung entsteht durch die Bildung von mehreren Führungsstufen, die ebenfalls unterschiedliche Arbeitsbeiträge leisten. Jede Führungsstufe bekommt andere Informationen, ganz abgesehen davon, dass die Informationen teilweise verändert oder gefiltert werden. Es kommt deshalb vor, dass untere Führungskräfte zwar unethische Handlungen vermuten, dass sie aber zu wenig Informationen und Einblicke haben, um eine Situation gesamtheitlich und vollständig beurteilen zu können. Falls sie Alarm schlagen, laufen sie Gefahr, sich blosszustellen und sich die beschuldigten Mitarbeiter an ihnen rächen, unabhängig davon, ob nun ein ethischer oder unethischer Tatbestand vorliegt.

- **Hindernis Nr. 7: Verhinderung externer Interventionen** (protection from outside intervention). Sobald eine Untersuchung ungesetzlicher oder unethischer Praktiken durch eine Unternehmung angeordnet wird, steigt auch die Wahrscheinlichkeit dafür, dass die Öffentlichkeit davon erfährt. Dies erhöht wiederum das Risiko einer öffentlichen Untersuchung, von Schadenersatzansprüchen oder des Verlustes des guten Images. Obschon eine Unternehmung meistens das Schwergewicht auf das gegenwärtige und zukünftige ethische Verhalten legt, muss sie zuerst vergangene Missstände ausräumen, um dieses Ziel zu erreichen. Dadurch, dass aber die Vergangenheit nicht angesprochen und diese nicht aufgedeckt werden darf, um ein öffentliches Eingreifen zu vermeiden, ist es

3.1 Einleitung

> - «Does a vocabulary exist in our organization for discussing issues of morality and ethicality? Is it a topic that can come up for discussion, like market share or inventory levels?
> - Just how rigid are our patterns of communication and norms against nosiness? Is it okay for me to ask questions or make comments about business areas other than my own?
> - How much access is there to top management? When was the last time someone two or more levels down had the opportunity for a serious and open-ended dialog with me?
> - How much information gets filtered in reporting up? Do I really have an appreciation of the practices of our field salesmen? Is it possible that we are operating in a business that condones unethical or illegal practices?
> - How much do people depend on their boss for appraisals, promotions, salary increases? Do the people two levels down feel as if I know them well? Do I?
> - How clear are our priorities? Do people really know where I stand, or might there be some ... clauses connected with my general drive for performance?»

▲ Abb. 16   Ausgangsfragen organisatorischer Massnahmen (Waters 1978, S. 13f.)

häufig auch nicht möglich, eine klare zukünftige Politik und Strategie festzulegen, weil die dazu notwendigen Informationen und Analysen fehlen.[1]

Aufgrund dieser Hindernisse stellt sich nun die Frage, welche organisatorischen Voraussetzungen eine Unternehmung zu schaffen hat, damit sie dem ethischen Bestreben ihrer Mitarbeiter keinen Einhalt gebietet bzw. dieses fördert. Obschon jede Organisation eine massgeschneiderte Antwort bzw. Massnahmen braucht, sind nach Waters (1978, S. 13f.) die Fragen, wie sie in ◄ Abb. 16 zusammengestellt sind, Ausgangspunkt weiterer Überlegungen. Diese Fragen sollen deshalb auch in den nachstehenden Ausführungen berücksichtigt werden:

- In einem **ersten Abschnitt** wird ein Überblick über die **institutionellen Massnahmen** gegeben, mit denen diesen Fragen begegnet werden kann und eine Glaubwürdigkeitsstrategie optimal unterstützt wird. Es handelt sich dabei um folgende Massnahmen und Instrumente:
  a) Ethikkodex,
  b) Unternehmungskultur,
  c) Strukturelle Massnahmen,
  d) Personelle Massnahmen.

- Im **zweiten Abschnitt** wird darauf eingegangen, dass die besprochenen Massnahmen nicht isoliert, sondern im Rahmen eines gesamten **Ethik-Programmes** gesehen werden müssen. Dabei werden auch die Probleme erwähnt, die sich bei

---

[1] Zusätzlich zu dieser Liste von Waters könnte als Hindernis Nr. 8 das Fehlen einer offenen Kommunikation angeführt werden. Vgl. dazu Serpa (1985).

der Implementierung eines solchen Programmes ergeben könnten. Schliesslich soll an einem **praktischen Beispiel** gezeigt werden, wie die Ausgestaltung eines Ethik-Programmes bei der Firma Boeing vorgenommen worden ist.

3.2 Institutionelle Massnahmen

In diesem Abschnitt werden einige Massnahmen aufgezeigt, mit denen eine Glaubwürdigkeitsstrategie unterstützt werden kann, sozusagen als flankierende Massnahmen zum kommunikativen, verantwortlichen und innovativen Handeln. Es handelt sich um eine Skizzierung möglicher Massnahmen, denn eine detaillierte Beschreibung oder eine vollständige Liste kann schon deshalb nicht gegeben werden, da es auch in diesem Bereich gerade dem innovativen Handeln einer Unternehmung überlassen ist, Wege und Mittel zur Förderung und Realisierung der Glaubwürdigkeit zu suchen. In diesem Sinne sind die folgenden Ausführungen lediglich als Anregungen sowie als Beschreibung von zum Teil bereits erprobten Massnahmen zu verstehen.

Nicht zuletzt aufgrund der Tatsache, dass es nicht nur unethisches und ethisches bzw. glaubwürdiges und unglaubwürdiges Handeln gibt, sondern viele Schattierungen zwischen diesen beiden Extremen, lassen sich die Massnahmen zur Unterstützung einer Glaubwürdigkeitsstrategie wie folgt unterteilen:

1. **Präventiv-Massnahmen,** die verhindern sollen, dass unglaubwürdig gehandelt wird. Damit soll sozusagen eine minimale Glaubwürdigkeit erreicht werden. Diese Massnahmen enthalten deshalb oft Anweisungen, was zu tun ist, falls unethische Handlungen vorgenommen worden sind (vor allem durch Sanktionen). Man hofft dadurch, unglaubwürdige Handlungen vermeiden zu können.
2. **Support-Massnahmen,** die dem Mitarbeiter helfen und ihn unterstützen sollen, möglichst glaubwürdig zu handeln. Mit diesen Massnahmen wird sozusagen eine maximale Glaubwürdigkeit angestrebt (z.B. innovatives Arbeitsklima). Man hofft dadurch, ein optimales Umfeld für ein möglichst glaubwürdiges Verhalten schaffen zu können.

Natürlich können diese Massnahmen nicht immer streng voneinander getrennt werden. Diese Unterscheidung scheint jedoch aus praktischer Sicht relevant zu sein, da es nicht nur gilt, unethisches Verhalten zu bestrafen und zu versuchen, ein solches unter Androhung von Sanktionen zu eliminieren, sondern auch ethisches Verhalten bewusst zu fördern.[1]

---

[1] Waters (1978, S. 13) zieht einen anschaulichen Vergleich mit einer Maschine, die man vor allem gut warten sollte, um einen Schaden zu vermeiden, und nicht seine Aufmerksamkeit auf die Behebung eines allfälligen Schadens lenken sollte.

3.2 Institutionelle Massnahmen

3.2.1	**Ethikkodex**
3.2.1.1	Inhalt eines Ethikkodexes

Ein bekanntes und häufig eingesetztes Instrument zur Erreichung ethischen Verhaltens ist der Ethik- oder Verhaltenskodex (Ethical Code, Code of Conduct). In diesem werden die ethischen Grundsätze festgehalten, nach denen sich das unternehmerische Handeln auszurichten hat. Damit sind Ethikkodizes von allgemeinen Unternehmungs- bzw. Führungsgrundsätzen abzugrenzen, welche dazu dienen, Organisationen zielorientiert zu steuern, um alle Unternehmungsbereiche und -tätigkeiten auf eine gemeinsame, aufeinander abgestimmte Politik auszurichten. (Gabele/Kretschmer 1985, S. 27) Unternehmungsgrundsätze sind somit weiter gefasst als Ethikkodizes. In der Praxis kann aber häufig keine Unterscheidung gemacht werden, um so mehr als Unternehmungsgrundsätze immer auch ethische Grundsätze enthalten bzw. enthalten sollten.[1] Im Vordergrund der folgenden Betrachtung stehen zudem Kodizes von einzelnen Unternehmungen.[2]

Über den möglichen Inhalt eines Ethikkodexes ist es allerdings schwierig, allgemeine Aussagen zu machen (vgl. ▶ Abb. 17), da er je nach Ziel und Zweck sehr unterschiedlich ausgestaltet werden kann.[3] Nachstehend sei deshalb eine Liste von Kriterien gegeben, nach denen solche Kodizes charakterisiert werden können:

1. **Adressaten** des Ethikkodexes:
   - oberstes Management,
   - alle Mitarbeiter,
   - Mitarbeiter und Öffentlichkeit.

2. **Generalisierungs-** bzw. **Detaillierungsgrad** des Ethikkodexes:
   - **Allgemeine** Grundsätze (z.B. Kunden sind fair zu behandeln); man beschränkt sich deshalb auf einige wenige Grundsätze, die die wesentlichsten Bereiche abdecken.
   - **Spezifische,** auf bestimmte Situationen eindeutig anwendbare Grundsätze (z.B. Geschenke im Werte von über Fr. 50.– dürfen nicht angenommen wer-

---

1 Für eine Auseinandersetzung mit Unternehmungs- und Führungsgrundsätzen vgl. Gabele/Kretschmer (1985), Hoffmann (1989) und Wunderer (1983a).

2 Für die Beurteilung gesamtwirtschaftlicher Kodizes vgl. z.B. Steinmann (1973), der sich ausführlich mit dem «Davoser Manifest» auseinandersetzt. Erwähnenswert ist auch die detaillierte Studie von Mahari (1985), in welcher er Codes of Conduct, die von verschiedenen wirtschaftlichen Organisationen (z.B. OECD, UNO, UNCTAD) für multinationale Unternehmungen aufgestellt worden sind, untersuchte.

3 Eine grössere empirische Untersuchung machte die Southwestern Graduate School of Banking (1980), indem sie bei 174 Firmen die «Corporate Ethical Policy Statements» analysierte.

den); dies hat einen umfangreichen Kodex zur Folge, der sich auf viele Bereiche und Problemsituationen bezieht.
3. **Träger** des Ethikkodexes:
   - Wirtschaftsverband,
   - Branche (Berufsvereinigung),
   - einzelne Unternehmung.

---

1. Conflicts of interest of individuals:
   a. acceptance of personal gifts from outsiders who deal with the company
   b. unauthorized or misrepresented use of company funds for personal loans, etc.
   c. use of inside information
   d. activities which impair effective performance of company responsibilities.

2. Activities of the company and employees as agents of the company:
   a. outline of company policies in its ethical relationships with outside entities, including suppliers, customers, regulators, the law, the environment, the public, regarding discrimination, contractual obligations, warranties, etc.
   b. conduct and responsibilities of employees for implementing these policies
   c. controls, audits and feedback provisions to ensure performance.

3. Antitrust and competitive practices:
   a. pricing
   b. conspiracy to restrain trade
   c. warranty, quality assurance, trade mark protection
   d. unfair trade practices, misrepresentation, etc.

4. Labour relations conduct of company representatives:
   a. dealing with labour organizations
   b. contract obligations
   c. contract performance
   d. management rights and rights of individual employees.

5. Political contributions and activities:
   a. company activities
   b. employees' participation in community and public affairs.

6. Discrimination:
   a. hiring, promotions, firing
   b. working conditions
   c. dealings with outsiders.

7. Handling relationships in foreign environments:
   a. company employee conduct
   b. company commitments
   c. meeting of legal requirements.

▲ Abb. 17   Inhaltsbereiche eines Ethikkodexes (Arthur 1984, S. 332)

4. **Zweck** des Ethikkodexes:
   - Public Relations-Instrument,
   - Sensibilisierung der Mitarbeiter,
   - genaue Handlungsanweisungen.
5. **Gültigkeitsdauer** des Ethikkodexes:
   - Für eine beschränkte Zeitspanne; es ist vorgesehen, durch regelmässige Überarbeitungen eine ständige Anpassung an veränderte Bedingungen vorzunehmen.
   - Die Grundsätze sollen so formuliert werden, dass sie als unveränderbare Basis für eine möglichst lange Zeitperiode dienen können.
6. **Gültigkeitsbereich** des Ethikkodexes:
   - für die gesamte Unternehmung, für alle Mitarbeiter,
   - nur für einzelne Teilbereiche (z.B. Marketing) oder bestimmte Führungsstufen (z.B. Topmanagement).

3.2.1.2 Beurteilung des Ethikkodexes

Im folgenden soll die Nützlichkeit von Ethikkodizes zur Förderung der Glaubwürdigkeit beurteilt werden. Grundsätzlich gilt es festzuhalten, dass es sich bei einem Ethikkodex um eine Liste von ethischen Grundsätzen handelt. Deshalb stösst man auf ein ähnliches Problem, wie es bereits bei den allgemeinen ethischen Grundsätzen angesprochen worden ist:[1]

1. Wenn es sich um sehr allgemeine Grundsätze handelt, dann sind sie insofern «nutzlos», als sie keine konkrete Antwort in einer spezifischen Situation geben können oder viele Antworten möglich sind. Deshalb müssen die Grundsätze zuerst interpretiert werden, bevor sie in einer spezifischen Problemstellung angewandt werden können.
2. Wenn es sich um sehr spezifische Grundsätze handelt, die ganz konkrete Handlungsanweisungen für bestimmte Situationen abgeben, dann können auf der anderen Seite niemals alle Situationen erfasst werden. Sie sind auch dauernd zu überarbeiten, um neue Gegebenheiten zu berücksichtigen, und damit mit einem relativ hohen Aufwand verbunden. Falls diese dauernde Überarbeitung nicht vollzogen wird, läuft man Gefahr, ein starres System zu haben.

Diesen Gefahren stehen aber einige gewichtige **Vorteile** gegenüber. Allerdings ist davon auszugehen, dass ein solcher Ethikkodex nicht primär als Public Relations-

---

[1] Vgl. auch Hennessy (1986, S. 16ff.), Molander (1987), Solomon/Hanson (1985, S. 145ff.).

Instrument formuliert wird, sondern zur nachhaltigen Beeinflussung des unternehmerischen Handelns in eine ganz bestimmte, verantwortungsbewusste und ethisch gewollte Richtung. In diesem Sinne können einem Ethikkodex folgende Funktionen zugewiesen werden, die auch durch empirische Untersuchungen bestätigt werden:[1]

1. Ein Ethikkodex bringt primär den klaren Willen einer Unternehmung zum Ausdruck, ein ethisch gutes Verhalten zu verfolgen und von den Mitarbeitern zu fordern.
2. Dank eines Ethikkodexes können sich alle Mitarbeiter auf ethische Grundsätze berufen. Dies ist besonders dann von Bedeutung, wenn Mitarbeiter ihre Entscheide und Handlungen gegenüber ihren Vorgesetzen rechtfertigen und durchsetzen müssen.
3. Ein Ethikkodex erleichtert es einem neuen Mitarbeiter, sich schnell über das ethische Grundverständnis in einer Unternehmung zu orientieren. Ein Bewerber hat auch die Möglichkeit, die Unternehmungsmoral mit seinen eigenen ethischen Vorstellungen zu vergleichen.
4. Er gibt einer Organisation eine gewisse Stabilität, weil ethisches Verhalten auf längere Sicht, unabhängig von einer bestimmten Person, für alle Mitarbeiter formuliert werden kann. Allerdings bedeutet dies nicht, dass gewisse Personen nicht einen sehr starken Einfluss ausüben können, wie gerade die Praxis zeigt,[2] und sich dieser Einfluss auf lange Zeit bemerkbar machen kann.
5. Ethisch formulierte Grundsätze haben Aufforderungscharakter und führen deshalb zu einer Sensibilisierung und Bewusstwerdung der Mitarbeiter für ethische Problemstellungen. Die Bewusstseinsbildung ist wichtig, damit überhaupt ethische Programme implementiert werden können.[3]
6. Es wird eine Einheitlichkeit im Denken und Handeln erreicht, weil die Wertvorstellungen offengelegt werden und für jedermann einsichtig sind.
7. Falls die Mitarbeiter an der Formulierung der Grundsätze beteiligt waren, besteht eine grosse Wahrscheinlichkeit, dass sich diese Mitarbeiter mit den Grundsätzen identifizieren und damit stärker motiviert sind, danach zu handeln.
8. Ein Ethikkodex gibt dem Mitarbeiter eine gewisse Sicherheit bzw. reduziert seine Unsicherheit, weil er sich auf allgemein anerkannte Grundsätze abstützen kann. Auch wenn die letzte Ungewissheit nie genommen werden kann

---

1 Vgl. z.B. Baumhart (1961, S. 166ff.), Brenner/Molander (1977, S. 66ff.).
2 Dies wurde beispielsweise deutlich bei den beiden Firmen Hewlett Packard (vgl. Hanson/Velasquez 1988b) und Johnson & Johnson (vgl. Nash 1988).
3 Vgl. dazu Raelin (1987, S. 176), der drei Schritte einer Implementierungsstrategie unterscheidet: (1) Ethical Consiousness, (2) Ethical Process and Structure, (3) Institutionalization.

3.2 Institutionelle Massnahmen 83

(wie bei allen echten unternehmerischen Entscheidungen), so wird sie doch auf ein Minimum reduziert.

9. Ein Ethikkodex gibt in Krisensituationen, in denen möglichst rasch gehandelt werden muss, die Basis für ethische Entscheide. In solchen Situationen[1] bleibt meist keine Zeit, ethische «Grundlagendiskussionen» abzuhalten. Im Vordergrund steht dann vor allem die rasche Umsetzung einer ethischen Einstellung und eines Verantwortungsbewusstseins in konkrete Massnahmen und Aktionen.
10. Auch wenn der primäre Zweck nicht eine Public Relations-Funktion ist, so kommt einem Ethikkodex auch nach aussen eine nicht unbedeutende Rolle zu. Dabei steht im Vordergrund, interessierten Kreisen zu zeigen, dass die Unternehmung bestrebt ist, ethisch zu handeln. Daneben kann ein Ethikkodex aber auch zu einem erhöhten Problemverständnis unternehmerischen Handelns führen. Beispielsweise kann aus einem Kodex ersichtlich werden, dass eine Unternehmung mehreren Anspruchspartnern gegenübersteht, deren Wünsche sie nicht alle gleichzeitig und in vollem Ausmass befriedigen kann.
11. Da eine Unternehmung nicht jederzeit und nicht mit allen Anspruchspartnern in direktem Kontakt sein kann, steht ein Ethikkodex (auch) für die verschiedenen Interessen, welche die Unternehmung durch ihre Entscheidungen und ihr Handeln wahrnehmen sollte.[2]
12. Will man das Verhalten der Unternehmung als Ganzes oder einzelner Mitarbeiter beurteilen, so kann man dies nur tun, wenn man entsprechende Beurteilungskriterien hat. Als solche eignen sich die Grundsätze eines Ethikkodexes.

Soll ein Ethikkodex als effektives Instrument eingesetzt werden, so darf es nicht nur bei einer blossen Formulierung und Abgabe an alle Mitarbeiter bleiben. Das Aufstellen eines Ethikkodexes ist zwar ein wichtiger Schritt in Richtung einer sich glaubwürdig verhaltenden Unternehmung, aber es stellt lediglich einen ersten Schritt dar.[3] Viel wichtiger ist die Implementierung eines solchen Instrumentes mit den entsprechenden Massnahmen. Dies ist allerdings eine schwierige Aufgabe.[4] Deshalb erstaunt es auch nicht, dass laut einer Umfrage des Centers for Business Ethics zwar 93% der Unternehmungen einen schriftlichen Ethikkodex

---

1   In einer solchen schwierigen Situation hat sich zum Beispiel die Firma Johnson & Johnson befunden, als sieben Menschen an einem ihrer Medikamente gestorben waren (vgl. Fallstudie Johnson & Johnson in Kapitel 4).
2   P. Ulrich (vgl. 1987, S. 420 oder 1987b, S. 141ff.) ordnet diese Funktion einer offenen Unternehmungsverfassung zu.
3   Vgl. Brown (1987, S. 72).
4   Dies wird auch durch empirische Untersuchungen bestätigt. In einer Umfrage von Baumhart (1961, S. 168) glaubten 87% der Befragten, dass es nicht leicht sei, einen Ethikkodex umzusetzen, in einer anderen von Brenner/Molander (1977, S. 67) 89%.

formuliert und an ihre Mitarbeiter abgegeben haben, aber nur wenige dieser Firmen konkrete Implementierungsanstrengungen (z.B. Unterstützung durch Vorgesetzte, Workshops oder Seminare, Verwendung bei Einführungsinterviews) unternommen haben.[1] Deshalb muss betont werden, dass solche Grundsätze das Verhalten von Mitarbeitern nur dann nachhaltig beeinflussen, wenn es durch eine entsprechende Unternehmungspolitik und Unternehmungspraktiken in allen Bereichen und auf allen Managementebenen unterstützt und verstärkt wird.[2]

Schliesslich ist noch darauf hinzuweisen, dass ein Ethikkodex nicht unbedingt explizit formuliert werden muss,[3] wenn die gültigen Normen (vor-)gelebt werden. In diesem Sinne ist folgende Aussage von Barnard zu verstehen:

> «Leadership in organizations is the power of individuals to inspire cooperative personal decisions by creating faith in common understanding, faith in the probability of success, faith in the ultimate satisfaction of personal motives, faith in the integrity of common purpose. Leadership is the moral factor in organizations; it creates the moral code for the organization.»[4]

Damit wird bereits die Unternehmungskultur angesprochen und es wird angedeutet, dass der Übergang zwischen einem nicht explizit formulierten Ethikkodex und der Unternehmungskultur fliessend ist.[5]

Solche nicht explizit formulierten Ethikkodizes finden sich erfahrungsgemäss häufig bei kleinen Unternehmungen. Zudem ist auch zu beachten, dass ein Ethikkodex selten alle gegenwärtigen und zukünftigen Bereiche und Situationen abdeckt, so dass eine Ergänzung durch einen ungeschriebenen Ethikkodex sinnvoll ist, ja sogar notwendig wird.[6]

3.2.1.3 Zusammenfassung

Abschliessend kann festgehalten werden, dass der Ethikkodex grundsätzlich ein geeignetes Instrument darstellt, um das ethische Verhalten der Mitarbeiter zu beeinflussen. Der Erfolg eines Ethikkodexes hängt aber von den spezifischen

---

1 Vgl. Center for Business Ethics (1986, S. 86). Die im Jahre 1984 durchgeführte Erhebung wurde bei den Unternehmungen der Fortune 500 Liste sowohl der Industrie- als auch der Dienstleistungsunternehmen durchgeführt. Die Rücklaufquote der Fragebogen betrug 28%. Diese relativ tiefe Quote mahnt zur Vorsicht bei der Interpretation der erhaltenen Resultate. Zur Kritik an dieser Untersuchung siehe Center for Business Ethics (1986, S. 91, Fussnote 1).
2 Vgl. McCoy (1985, S. 193).
3 Vgl. z.B. Murray (1986, S. 104).
4 Zitiert nach Hosmer (1987, S. 447); vgl. auch Barnard (1938, S. 259).
5 Die Unternehmungskultur wird als weitere Massnahme in einem der nachfolgenden Abschnitte behandelt (vgl. Abschnitt 3.2.2 «Unternehmungskultur»).
6 Vgl. Molander (1987, S. 631).

1. «An ethical code will be more effective the greater the presence of one of the sources of legitimacy.»
2. «In a decentralized organization, middle management will be a more effective source of authority for promoting a code of ethics than upper level management.»
3. «In a centralized organization, upper level management will be a more effective source of authority for promoting a code of ethics than middle level management.»
4. «A code of ethics that is supported by all levels of management will be more effective than a code that is supported by one level of management but not the other (i.e. there will be a clearer perception of what ‹the boss› wants).»
5. «The greater the participation of middle level management in the development of the code, the greater the effectiveness of the code.»
6. «The greater the participation of representatives of the rank and file employees in the development of the code, the greater the effectiveness of the code.»
7. «A code produced by a large body, including many rank and file employees, will be less effective than a code produced by a small body, including a few representatives of the rank and file employees.»
8. «A code with unrealistic provisions will be less effective, even if produced with wide participation, than a code with realistic provisions, even if produced by a small body not including representatives of the rank and file.»
9. «A code of ethics that makes its priorities clear will be more effective than a code of ethics which merely adds ethical rules to the existing agenda.»
10. «The effectiveness of an agenda setting code of ethics will be more dependent on the support of middle level management than will the effectiveness of a priority setting code.»
11. «The effectiveness of an agenda setting code will vary more with changes in middle level management than will the effectiveness of a priority setting code.»
12. «The effectiveness of an agenda setting code will be affected more by differences in the needs and wishes of customers than will the effectiveness of a priority setting code.»
13. «The effectiveness of an agenda setting code will be affected more by changes in the business fortunes of the organization than will the effectiveness of a priority setting code.»
14. «The greater the provision of sanctions in a code of ethics for noncompliance, the greater the effectiveness of the code.»
15. «The greater the perceived threat of imposition of sanctions for noncompliance, the greater the effectiveness of the code.»
16. «A code of ethics that specifies priorities clearly will carry a greater perceived threat of sanctions for noncompliance than a code which merely adds to the agenda of things to be considered prior to taking action.»
17. «A code of ethics that is publicized and communicated to employees regularly through all levels of management will be more effective than one which is not so communicated.»
18. «A code of ethics that provides protection for compliance in contravention of the demands of an unethical superior will be more effective than a code which does not contain that protection.»
19. «A code of ethics that provides a mechanism for reporting violations that protects the person reporting will be more effective than one which does not provide such a mechanism.»
20. «Obedience to a priority setting code in the face of contrary demands of a superior will be greater than obedience to an agenda setting code in the face of such contrary demands.»
21. «Reported violations will be greater for a priority setting code than for an agenda setting code.»
22. «The greater the congruence of a code of ethics with the preexisting values of employees, the greater the effectiveness of the code.»
23. «The greater the perceived personal advantages of employees in complying with a code of ethics, the greater the effectiveness of the code.»
24. «The greater the participation of affected employees in the development of a code of ethics, the greater the congruence of the code with the values and needs of the employees, and thus the greater the effectiveness of the code.»
25. «A priority setting code with a clear commitment to enforce it on the part of management will increase attitudes supportive of ethical behavior.»

▲ Abb. 18   Hypothesen zur Wirksamkeit von Ethikkodizes (Weller 1988, S. 391 ff.)

Bedingungen ab, unter denen dieser formuliert, eingeführt und durchgesetzt wird. Weller (1988, S. 392ff.) formuliert deshalb verschiedene Hypothesen bezüglich der Wirksamkeit eines Ethikkodexes (vgl. ◄ Abb. 18). Häufig bedarf es aus diesem Grund noch ergänzender Massnahmen, die einen solchen Kodex voll zur Geltung bringen. Dies ist das Thema der folgenden Abschnitte.

3.2.2	Unternehmungskultur
3.2.2.1	Bedeutung der Unternehmungskultur

Auf die Bedeutung der Unternehmungskultur bei der Realisierung eines glaubwürdigen Verhaltens wurde bereits mehrfach hingewiesen.[1] Die Unternehmungskultur kann man sozusagen als das Gegenstück zum Ethikkodex betrachten, wenn die Unternehmungskultur als informales und der Ethikkodex als formales Instrument zur Beeinflussung ethischen Verhaltens gesehen werden.

Eine Durchsicht der in der Zwischenzeit zahllosen Umschreibungen des Begriffes Unternehmungskultur zeigt, dass trotz der Unterschiede ein Element im Mittelpunkt steht: die gemeinsamen Werte bzw. Shared Values, welche primär über symbolische Entscheidungen und Handlungen vermittelt worden sind. Stellvertretend für viele sind in ► Abb. 19 einige Definitionen zur Unternehmungskultur aus dem deutschen und amerikanischen Sprachraum zusammengestellt.[2]

Auf die grosse Bedeutung dieser gemeinsamen Werte wird immer wieder aufmerksam gemacht. Peters/Waterman beispielsweise betonen aufgrund einer Analyse verschiedener Firmen, dass solche Werte sogar für den gesamten Unternehmungserfolg massgebend sind:[3]

> «Every excellent company we studied is clear on what it stands for, and takes the process of value shaping seriously. In fact, we wonder whether it is possible to be an excellent company without clarity on values and without having the right sorts of values.» (Peters/Waterman 1982, S. 280)

---

1 Vgl. insbesondere die Ausführungen im Zusammenhang mit innovativem Verhalten sowie die Ausführungen zum Ethikkodex im vorangegangenen Abschnitt.

2 Zur Thematik der Unternehmungskultur vgl. folgende Auswahl: Bleicher (1983, 1986a/b), Dierkes (1988a/b), Heinen (1985c, 1987), Heinen/Dill (1986), Kasper (1986, 1987a/b), Kilmann/ Saxton/Serpa (1986), Kobi/Wüthrich (1986), Krulis-Randa (1984), Pümpin/Kobi/Wüthrich (1985), Rühli (1988b), Scholz (1988a/b).

3 Auch Hinterhuber/Holleis (1988, S. 4) zeigen, dass eine starke Unternehmungskultur – verbunden mit einer entsprechenden Unternehmungsstrategie – als Antwort auf die Herausforderungen der 90er Jahre (Verdrängungswettbewerb, Wertewandel) «nicht nur das Überleben eines Unternehmens sichern kann, sondern auch den Keim zur Erringung einer überlegenen Wettbewerbsposition in sich trägt.»

3.2 Institutionelle Massnahmen

> 1. «Die Kultur einer Unternehmung umfasst ein Bündel an affektiv gewonnenen, verhaltensprägenden *Wertvorstellungen* und kognitivem, handlungsleitenden *Wissensvorrat.* Sie bildet sich im *Sozialisationsprozess* der in einer Institution tätigen Menschen *evolutorisch*, ‹spontan› heraus und prägt über Generationen hinweg deren Einstellungen und Erfahrungen.» (Bleicher 1986a, S. 99)
> 2. Unter Kultur kann man «ein *Muster von gemeinsamen Wert- und Normenvorstellungen* verstehen, die über *bestimmte Denk- und Verhaltensmuster die Entscheidungen, Handlungen und Aktivitäten einer sozialen Gruppe beeinflussen.*»(Heinen/Dill 1986, S. 207)
> 3. «Die Unternehmungskultur ist die Gesamtheit der tradierten, wandelbaren, zeitspezifischen, jedoch über Symbole erfahrbaren und erlernbaren, Wertvorstellungen, Denkhaltungen und Normen, die das Verhalten von Mitarbeitern aller Stufen und damit das Erscheinungsbild einer Unternehmung prägen.» (Krulis-Randa 1984, S. 360)
> 4. Culture is «a cohesion of values, myths, heroes, and symbols that has come to mean a great deal to the people who work there.» (Deal/Kennedy 1982, S. 4)
> 5. «Culture is a set of important assumptions (often unstated) that members of a community share in common.» (Sathe 1985, S. 10)

▲ Abb. 19 Definitionen zur Unternehmungskultur

Im folgenden sollen einige spezifische Funktionen aufgelistet und umschrieben werden, die solchen gemeinsamen Werten einer Unternehmungskultur und somit auch ethischen Werten – als Teil aller kulturellen Werte – zugeordnet werden können:

1. Werte bieten eine **Orientierungshilfe.** Sie geben allgemeinste Verhaltensregeln, nach denen der Mitarbeiter sein betriebliches Handeln ausrichten kann.
2. Werte bilden ein **Identifikationsobjekt.** Der Mitarbeiter hat die Möglichkeit, sich mit den Werten der Unternehmung zu identifizieren.
3. Im Zusammenhang mit der Identifikation kommt der **Motivationsfunktion** grosse Bedeutung zu. Je mehr der Mitarbeiter sich mit den Werten identifizieren kann, um so stärker ist er motiviert.
4. Für Menschen ist der Wunsch nach einem Gruppen- und Zusammengehörigkeitsgefühl, nach Geborgenheit, ein ursprüngliches Bedürfnis. Gemeinsame Werte fördern in starkem Masse das Gemeinschaftsgefühl und haben somit eine **Kohäsionsfunktion.**
5. Die gemeinsamen Werte ermöglichen eine **Abgrenzung** nach aussen. Sie lassen damit gleichzeitig die eigene Unternehmung gegenüber anderen als etwas Einzigartiges erscheinen und machen es erstrebenswert, ein Mitglied dieser speziellen Vereinigung (Unternehmung) zu sein. Sie erhöhen zudem das Selbstwertgefühl des einzelnen Mitarbeiters **(Abgrenzungsfunktion).**

6. Ein Mitarbeiter wird durch die oben erwähnten Funktionen stark an eine Unternehmung gebunden. Die Austrittsbarrieren dürften bei einer Unternehmung mit einer geringen Organisationskultur tiefer sein als bei einer Unternehmung mit einer starken Organisationskultur. Werte haben somit eine **Bindungsfunktion.**
7. Gemeinsame Werte fördern die **Teamarbeit,** weil man nicht nur weiss, von welchen Grundwerten alle anderen Mitarbeiter ausgehen, sondern auch erkennt, dass es die gleichen Werte sind. Damit haben sie eine **Kooperationsfunktion.**
8. **Reduzierung des Konfliktpotentials** ist ebenfalls möglich, da keine grundsätzlichen Meinungsverschiedenheiten vorhanden sind. Es sind die gemeinsamen, nicht die unterschiedlichen Werte, die von Bedeutung sind.
9. Gemeinsame Werte gestatten es auch, (vorübergehende) Misserfolge besser zu bewältigen. Im Vordergrund steht nicht der Misserfolg, sondern die gemeinsamen Werte und zukünftigen Ziele **(Krisenbewältigungsfunktion).**

Im Rahmen einer Unternehmungsethik stehen nun jene unternehmungskulturellen Werte im Zentrum, welche gleichzeitig ethische Werte darstellen, mit denen die Glaubwürdigkeit einer Unternehmung angestrebt wird. Ausgehend von Kuhn[1] betont deVries besonders die Bedeutung von Musterbeispielen «or concrete problems and resolutions», die sich als «case studies, anecdotes, parables, and fables» (deVries 1986, S. 193) zeigen, für die Unternehmungsethik. Er glaubt sogar, dass diese genauso wichtig sind wie allgemeine ethische Prinzipien, und zwar aus folgenden Gründen:[2]

- «First, exemplars facilitate impartial agreement where agreement on detailed moral rules eludes us.
- Second, exemplars uniquely facilitate, for the purposes of training and decision making, the balanced integration of diverse sets of values.
- Third, the use of exemplars appropriately cultivates personal judgment, making detailed moral roles useful in exceptional cases only.
- Fourth, exemplars provide the flexibility necessary for making moral decisions within the continued flux of responsible business life.» (deVries 1986, S. 193)

Wie und inwieweit nun eine solche Unternehmungskultur bzw. ethische Werte bewusst geschaffen werden können, soll und kann an dieser Stelle nicht beant-

---

[1] Kuhn (1978) macht auf die Bedeutung von gemeinsamen Werten aufmerksam und zeigt, wie diese für die Bildung von wissenschaftlichen Gemeinschaften und für die Entwicklung der Wissenschaft überhaupt von Bedeutung sind. Kuhn spricht in diesem Zusammenhang von Paradigmen bzw. Musterbeispielen («exemplars»).
[2] Vgl. auch Picken (1987, S. 138ff.), der vier zentrale Funktionen von Werten im Zusammenhang mit einer Unternehmungsethik sieht: (1) «Values are central to the formation of corporate philosophy and corporate strategy.» (2) «Values are central to manangement philosophy.» (3) «Values are central to corporate work ethic.» (4) «Values are central to promote good supplier/customer relationships.»

wortet werden.[1] Immerhin sei darauf verwiesen, dass dem Management bei der Bildung einer Unternehmungskultur eine ausserordentlich grosse Bedeutung zukommt. Dabei können nach Isabella (1986, S. 188f.) den verschiedenen Managementebenen unterschiedliche Rollen zugeordnet werden:

1. Top Managers sind **«Value Formulators»**: Das Top Management formuliert Werte und kreiert eine Unternehmungskultur dadurch, «how they react to the events, to what they pay attention or ignore signal the organization to what is important.» Das Top Management hat mit aller Deutlichkeit zu demonstrieren, dass ethischem Verhalten oberste Priorität zukommt und über den traditionellen Zielen wie Gewinn-, Marktanteils- oder Umsatzstreben steht. (Waters 1978, S. 14)[2]
2. Middle Managers sind **«Value Translators»**: Sie übertragen die Schlüsselwerte in die Unternehmungsstrukturen und -prozesse. Die Unternehmungskultur wird durch sie sichtbar gemacht.
3. Lower Managers sind **«Value Maintainers»**: Das Lower Management hat die Aufgabe, die gesetzten Werte durch ihre tägliche Arbeit zu erhalten.

3.2.2.2   Unternehmungskultur und Unternehmungsethik

Unternehmungsethik und Unternehmungskultur haben gemeinsam, dass sie von Werten und Normen ausgehen.[3] Es wurde bereits darauf hingewiesen, dass aber nicht alle Werte einer Unternehmungskultur auch ethischer Natur sind, sondern die ethischen einen Teil der gesamten kulturellen Werte ausmachen. Dabei ist aber zu beachten, dass für eine ethisch geprägte Unternehmungskultur auch solche Werte, die nicht ethischer Natur sind, den unternehmungsethischen Werten nicht widersprechen dürfen.[4]

Rebstock (1988, S. 185) glaubt, einen entscheidenden Unterschied zwischen den beiden Konzepten Unternehmungsethik und Unternehmungskultur darin zu finden, «dass in der Unternehmungsethik Werte und Normen formuliert werden, die das Verhalten der Unternehmungsmitglieder prägen ‹sollten›, während sich in der Unternehmungskultur die Werte und Normen zeigen, die für das Verhalten der Unternehmungsmitglieder tatsächlich verhaltensprägend ‹sind›.» Diese Argumentation basiert letztlich auf einer Unterscheidung zwischen einem deskriptiven

---

1   Vgl. dazu verschiedene Beiträge in Dülfer (1988), insbesondere den Aufsatz von Schreyögg (1988), sowie Kasper (1986, S. 271 ff.; 1987a, S. 118 ff.).
2   Vgl. dazu auch De George (1986a, S. 97).
3   Vgl. z.B. auch Butcher (1985), Deetz (1985), Drake/Drake (1988), Hosmer (1985, S. 21), Isabella (1986), Jones (1985), Newton (1986), P. Ulrich (1989), die auf den Zusammenhang zwischen Unternehmungskultur und Unternehmungsethik eingehen.
4   Vgl. Rebstock (1988, S. 186).

und einem normativen Konzept. Grundsätzlich ist aber festzuhalten, dass sowohl das Konzept der Unternehmungsethik als auch der Unternehmungskultur deskriptiv und normativ verstanden werden können (und müssen), d.h. auch für die Unternehmungskultur Richtlinien (d.h. mögliche Werte) gegeben werden können, die ein gutes «kulturelles Zusammenleben» gestatten. In diesem Sinne bildet dann die Unternehmungsethik wiederum ein Teilkonzept der Unternehmungskultur.

Interessant ist die These von Pastin, die besagt, dass eine ethisch handelnde Unternehmung eine schwache Unternehmungskultur haben sollte.[1] Diese These beruht auf der Überlegung, dass ethisches Handeln Toleranz, Veränderung und Lernen bedeutet, nicht zuletzt deshalb, um mit anderen Gruppen (Anspruchsgruppen) zusammenarbeiten und -leben zu können. Dies werde aber gerade durch eine starke Unternehmungskultur verhindert. Diesem Argument kann nur teilweise beigepflichtet werden, da Pastin (1986, S. 129) eine «starke» Unternehmungskultur in einem sehr – oder sogar zu – engen Sinne interpretiert:[2] «A strong culture puts basic beliefs, attitudes, and ways of doing things beyond question ... Because cultures are rooted in tradition, they reflect what *has* worked, not what *will* work.» Der Inhalt von Werten muss sich aber nicht nur auf materielle Grundsätze (d.h. *was* zu tun ist) richten, sondern ebenso auf formelle Grundsätze (d.h. *wie* solche Richtlinien zustande kommen). In diesem Sinne kann es gerade ein Wert sein, sich dauernd mit den Ansprüchen der Umwelt auseinanderzusetzen und darauf einzugehen, und nicht von einem vorgefassten Bild über die Umwelt auszugehen.[3]

Gerade dieser letzte Punkt lässt deutlich werden, dass eine Unternehmungskultur nicht eo ipso ein Instrument für glaubwürdiges Handeln darstellt, denn sie sagt noch nichts über den Inhalt der gemeinsamen Werte aus. Diese können nämlich auch unethischer Natur sein.[4]

---

1 Vgl. dazu Pastin (1986, S. 127ff.).
2 Obschon die Umschreibungen einer starken Unternehmungskultur in der Literatur sehr unterschiedlich sind, zielen sie meistens in die gleiche Richtung. Stellvertretend sei auf Schreyögg (1989, S. 95) verwiesen, der drei Kriterien für eine starke Unternehmungskultur aufführt, nämlich (1) Prägnanz und Umfang, (2) Verbreitungsgrad sowie (3) Verankerungstiefe von Werten und Normen (vgl. auch Heinen 1987, S. 26ff.). Die Stärke sagt aber noch nichts über die Erfolgswirksamkeit einer Unternehmungskultur aus. Wie Schreyögg (1989, S. 99) zeigt, können auch negative Effekte mit einer starken Unternehmungskultur verbunden sein.
3 Dies zeigt Pastin (ungewollt) selber mit seinem Beispiel, das der Illustration für seine These dienen soll: «While Cadbury Schweppes does not have a ‹strong culture›, it has an evident corporate philosophy. The philosophy is simple: The individual is to be fully respected, and all significant decisions are participatory (at the least), ideally reached by consensus. Although this philosophy is now couched in business-school-speak, it would hold firm even if it did not fit management fashions.» (Pastin 1986, S. 140)
4 Vgl. z.B. P. Ulrich (1989, S. 14), der gerade auf die Gefahren des symbolischen Managements aufmerksam macht, wenn die Geführten, welche die vermittelten Werte unreflektiert übernehmen müssen, letztlich zweckrational manipuliert werden.

Deshalb geht die Forderung dahin, eine Unternehmungskultur so zu gestalten, dass sie das kommunikative, verantwortliche und innovative Handeln unterstützt und fördert. Sämtliche Werte sind auf diese Elemente einer Glaubwürdigkeitsstrategie auszurichten.

De George glaubt sogar, dass diese Werte Voraussetzung – wenn auch nicht die einzige – für erfolgreiche Unternehmungen sind:

> «Corporate excellence is not identical with corporate morality, because competent management is also necessary. But it is doubtful that corporate excellence is compatible with corporate immorality, or with a corporate culture that condones or encourages its employees to act either immorally or amorally in their roles for the firm.» (De George 1986a, S. 97)

3.2.3	**Strukturelle Massnahmen**
3.2.3.1	Einleitung

Strukturelle Massnahmen haben das Ziel, optimale organisatorische Bedingungen für eine Glaubwürdigkeitsstrategie zu schaffen. Für eine solche strukturelle Verankerung stehen verschiedene Möglichkeiten offen.[1] Grundsätzlich stellen sich dabei zwei Fragen:

1. Welche **Grundstruktur** (Organisationsform) soll für die Gesamtunternehmung gewählt werden?
2. Wie kann diese Grundstruktur durch **spezifische Institutionen** (Hilfsorgane) im Hinblick auf eine Glaubwürdigkeitsstrategie ergänzt werden?

Was die erste Frage betrifft, so wird in der Literatur keine spezifische Organisationsform vorgeschlagen. Es wird aber vielfach darauf verwiesen, dass eine solche Organisationsform angestrebt werden sollte, die eine starke Dezentralisierung der Entscheidungskompetenzen ermöglicht.[2] Neben der Motivationsfunktion spielt in diesem Zusammenhang die Erkenntnis eine Rolle, dass jeder Bereich für sich ethische Entscheidungen fällen bzw. Glaubwürdigkeit erarbeiten muss und dafür auch die notwendigen Entscheidungskompetenzen besitzen muss. Auf diese Thematik wird weiter unten näher eingegangen.[3]

---

1 Vgl. auch De George (1986a, S. 161 ff.).
2 Vgl. z.B. die verschiedenen Beiträge in The Business Roundtable (1988a) sowie Hoffmann (1989).
3 Vgl. dazu insbesondere die Ausführungen im Rahmen der Fallstudie Johnson & Johnson in Kapitel 4.

| 3.2.3.2 | Ethik-Institutionen |

Bei einer Ergänzung der Grundstruktur durch spezielle Institutionen stehen verschiedene Möglichkeiten offen. Grundsätzlich unterscheiden sich diese vor allem durch die spezifischen Funktionen, die sie übernehmen müssen. Im wesentlichen lassen sich folgende Funktionen unterscheiden:

- **Schiedsrichterfunktion** in ethischen Fragen zwischen zwei oder mehreren Parteien, sofern diese nicht durch vorhandene Richtlinien (z. B. Ethikkodex) beantwortet werden können.
- **Interpretationsfunktion:** Abgabe von Erläuterungen und Beispielen zu den vorhandenen Richtlinien, damit diese richtig interpretiert werden.
- **Kontrollfunktion:** Überwachung des tatsächlichen Unternehmungsverhaltens bzw. der Mitarbeiter, ob dieses mit dem angestrebten Verhalten übereinstimmt.
- **Beratungsfunktion:** In Situationen, in denen keine eindeutige Lösung vorliegt, kann eine entsprechende Institution für eine Beratung angegangen werden.
- **Schulungsfunktion:** Eine Stelle wird beauftragt, ein Ethik-Programm zusammenzustellen und dieses den Mitarbeitern – beispielsweise in Workshops – zu vermitteln.

Selbstverständlich können diese verschiedenen Funktionen miteinander kombiniert werden, so dass eine Institution mit mehreren Funktionen betraut werden kann. Im folgenden sollen einige Institutionen, wie sie in der Praxis vorkommen, kurz skizziert werden:

1. **Ethik-Komitee:**[1] In der Regel wird eine solche Institution der obersten Geschäftsleitung zugeordnet. Meistens ist ein Ethik-Komitee für das gesamte Ethik-Programm einer Unternehmung verantwortlich, d.h. es muss ein solches Programm konzipieren und dessen Durchführung überwachen. Es muss auch dafür sorgen, dass das von der Unternehmung angestrebte ethische Verhalten richtig verstanden und die ethischen Grundsätze richtig interpretiert werden.[2] Je nach den Funktionen, die man einem Ethik-Komitee zuordnen möchte, kann dieses nach folgenden Kriterien gestaltet werden:[3]

---

[1] Vgl. Carroll (1981, S. 351f.), Enderle (1988b, S. 47f.), Purcell (1985, S. 45ff.), Rebstock (1988, S. 190). Für eine Darstellung und Beurteilung des Komitees im allgemeinen vgl. Rühli (1988a, S. 200ff.).

[2] Dies ist nach Waters (1978, S. 14) besonders wichtig, denn allgemeine Phrasen lassen der subjektiven Interpretation nicht nur viel Spielraum, sondern sie verunsichern auch die Mitarbeiter und lassen an der Ernsthaftigkeit der geäusserten Absichten Zweifel aufkommen.

[3] Vgl. auch die Kriterien bei der Bildung von Teams zur Ergänzung bestehender Strukturen (Thommen 1996c, S. 188ff.).

3.2 Institutionelle Massnahmen

- **Zusammensetzung** des Komitees: Woher stammen die Mitglieder? Es stehen verschiedene Möglichkeiten offen:
  - Handelt es sich um unternehmungsinterne oder -externe Mitglieder?
  - Von welcher Führungsstufe kommen die Mitglieder?
  - Aus welcher Abteilung (Funktionsbereich) kommen die Mitglieder?
- **Zuständigkeitsbereich** des Komitees: Für welche Fragen und Probleme ist das Komitee zuständig (z.B. für Fragen im Rahmen der Unternehmungspolitik, des Marketings oder des Personalbereichs)? Die Festlegung des Zuständigkeitsbereiches ist insofern eine schwierige Aufgabe, als eine sehr grosse Zahl von unternehmungsethischen Problembereichen bestehen. Grundsätzlich stehen gemäss dem Ansatz der Glaubwürdigkeit all jene Fragen zur Diskussion, bei denen es um die **Glaubwürdigkeit** der Unternehmung geht.
- Umfang der **Anordnungsbefugnisse:** Es handelt sich um die Frage, ob ein Ethik-Komitee als reine Stabsstelle (der Geschäftsleitung) ohne Weisungsbefugnisse oder als eine Stelle mit (beschränkter) Weisungsbefugnis konzipiert werden soll.

Wie auch immer ein Komitee gestaltet wird, so ist darauf zu achten, dass es unabhängig bleibt. (Purcell 1985, S. 46)

2. **Ethik-Beratungsstelle** (Ethics Advisor): Neben dem Ethik-Komitee gibt es auch permanente Stellen, die sich vor allem mit der Durchführung eines Ethik-Programmes beschäftigen.[1] Sie haben zudem die einzelnen Unternehmungsbereiche oder Abteilungen zu beraten, welche Massnahmen am geeignetsten oder sinnvollsten sind, um ein ethisches Verhalten zu fördern.

3. **Ombudsmann:**[2] Diese Institution können die Mitarbeiter (aber auch andere Anspruchsgruppen wie Konsumenten, Aktionäre usw.) beanspruchen, wenn sie unethische Tatbestände und Verhaltensweisen in der Firma vorfinden und bei anderen Stellen (insbesondere Vorgesetzten) kein Gehör finden oder aber Angst haben, eine andere Stelle anzugehen. Primäre Aufgabe des Ombudsmannes ist es, schlichtend zu wirken und einen Prozess zu initiieren, der zu einer befriedigenden Lösung des Problems führt. Kann ein Problem auf diese Art nicht gelöst werden, hängt es von den Kompetenzen des Ombudsmannes ab, ob er eine eigene Lösung anordnen darf oder das Problem an eine andere Stelle übertragen muss.[3] Mit dem Ombudsmann wird insbesondere eine konkrete organisatorische Massnahme geschaffen, damit die Vorgehensweise im

---

[1] Vgl. auch Carroll (1981, S. 352f.).
[2] Vgl. Carroll (1989, S. 351).
[3] Vgl. das Beispiel in Carroll (1989, S. 461), bei dem lediglich der Präsident der Firma einen Entscheid des Ombudsmannes umstossen konnte.

Falle einer internen Anzeige in bezug auf ethische Belange eindeutig ist und die (psychologische) Schwelle für eine Anklage oder Klage herabgesetzt wird.[1]

4. **Ethik-Advokat** (Ethical Advocate):[2] Im Gegensatz zum Ombudsmann hat ein Ethik-Advokat eine aktive Funktion inne, indem er von sich aus bestimmte Bereiche oder Tätigkeiten in bezug auf das ethische Verhalten untersucht. Bei Entdeckung eines unethischen Verhaltens informiert er entweder die dieses Verhalten verursachende Stelle direkt oder/und die Geschäftsleitung. Die Geschäftsleitung wird allerdings meistens erst dann angegangen, wenn die erste Mahnung keine Verhaltensänderung bewirkt hat. Wichtig ist in diesem Zusammenhang nach Waters (1978, S. 17), dass eine solche Stelle Teil eines umfassenden Massnahmenpaketes ist und nicht eine Einzelmassnahme, da sonst zu grosses Misstrauen entsteht und damit gerechnet werden muss, dass man nicht kooperativ mit dem Ethik-Advokaten zusammenarbeiten will und wichtige Informationen verschweigt.

5. **Ethik-Audit:** Im Gegensatz zum Ethik-Advokaten wird diese Institution, welche häufig auch als Social Audit bezeichnet wird, zur systematischen Kontrolle unternehmungsethischen Verhaltens eingesetzt. Nach Carroll (1989, S. 461) versteht man deshalb darunter «a systematic attempt to identify, measure, monitor, and evaluate an organization's performance with respect to its social efforts, goals, and programs.»[3] Nach Bauer/Fenn (1973, S. 40ff.) stellen sich dabei folgende Probleme, die bei der Durchsetzung eines Social Audit auftreten und für die eine Lösung gesucht werden muss: (1) Welches ist das Objekt bzw. der Bereich, der einem Social Audit unterzogen wird? (2) Wie kann die Zielerreichung gemessen werden? (3) Wann kann man von einem erfolgreichen Handeln sprechen? (4) Wo sind die notwendigen Daten zu finden? (5) Wie genau kann überhaupt die Erfassung einer Social Performance sein?

---

1 Waters (1978, S. 15) erwähnt noch andere Möglichkeiten, wie – je nach Führungsstufe – vorgegangen werden kann (beispielsweise durch direkten Kontakt mit dem CEO: Einberufung eines Meetings, Schreiben eines Memos, Anruf zu Hause). Dabei ist es letztlich weniger wichtig, welche Vorgehensweise gewählt wird, als die Klarheit, mit welcher das gewählte Vorgehen ausgedrückt wird. Wichtig ist auch, dass die Anonymität in einer **ersten** Phase der Abklärung garantiert wird.
2 Vgl. Purcell (1975, S. 47ff.).
3 Bauer/Fenn haben bereits 1973 das Social Audit in ähnlicher Weise definiert: «A commitment to systematic assessment of and reporting on some meaningful, definable domain of a company's activities that have social impact.» (Bauer/Fenn 1973, S. 38)

3.2.4 Personelle Massnahmen

Bei den personellen Massnahmen stellt sich die Frage, welche spezifisch auf den **einzelnen Mitarbeiter** gerichteten Massnahmen zur Verfügung stehen, um ein ethisches Verhalten im Hinblick auf die Glaubwürdigkeit zu erreichen. Es wird ein grober Überblick gegeben, aus dem ersichtlich wird, dass darunter auch traditionelle Instrumente zu finden sind, die aber neu interpretiert und ergänzt werden müssen.

1. **Stellenbeschreibung:** Die Umschreibung der Stelle sollte bereits das ethische Bestreben der Unternehmung zum Ausdruck bringen und sowohl einem potentiellen als auch dem gegenwärtigen Mitarbeiter klar zeigen, worin ein ethisches Handeln besteht.

2. **Mitarbeiterauswahl:** Bereits bei der Einstellung von Mitarbeitern ist darauf zu achten, dass solchen Mitarbeitern der Vorzug gegeben wird, die sich durch eine ethische Haltung auszeichnen und von denen man annehmen darf, dass sie fähig sind, durch ihr Handeln die Glaubwürdigkeit der Unternehmung zu erhalten oder zu fördern. In diesem Sinne kommt auch dem Einstellungsinterview eine grosse Bedeutung zu.

3. **Ethik-Seminare:** Spezifische Veranstaltungen zu ethischen Fragestellungen können dem Manager helfen, seine ethischen Probleme im wirtschaftlichen Alltag besser zu bewältigen.[1] Solche Seminare erlauben auch die Entwicklung eines geeigneten Vokabulariums, um über ethische Fragen sinnvoll diskutieren zu können.[2] Dabei ist es möglich, Mitarbeiter verschiedener Abteilungen und hierarchischer Ebenen zusammenzubringen. Dies hat verschiedene Vorteile:
   - Das Aufwerfen und Diskutieren von ethischen Fragen wird legitimiert.
   - Es werden konkrete Fälle aufgegriffen und es entstehen Anekdoten, die als Ausgangspunkt und Vergleichsbeispiele den Wertmassstab für zukünftiges Handeln abgeben können.[3]

4. **Mitarbeiterqualifikation:** Eine Beurteilung des Mitarbeiters sollte nicht nur in «leistungsmässiger» Hinsicht erfolgen, sondern auch in bezug auf sein ethisches Verhalten.

---

1 Dies betont auch Jackall (1988, S. 6), macht aber gleichzeitig auf eine Gefahr aufmerksam: «Managers do not generally discuss ethics, morality, or moral rules-in-use in a direct way with each other, except perhaps in seminars organized by ethicists. Such seminars, however, are unusual and, when they do occur, are often strained, artificial, and often confusing even to managers since they frequently become occasions for the solemn public invocation, particularly by high-ranking managers, of conventional moralities and traditional shibboleths.»
2 Vgl. auch Longenecker (1985, S. 67ff.).
3 Diese Tatsache ist auch wichtig im Zusammenhang mit der Unternehmungskultur, indem diese Anekdoten als gemeinsame Werte dienen.

3.2.5 Zusammenfassung

▶ Abb. 20 zeigt eine Zusammenfassung der flankierenden institutionellen Massnahmen, mit denen das verantwortliche, kommunikative und innovative Handeln im Rahmen einer Glaubwürdigkeitsstrategie unterstützt und implementiert werden kann.

1. **Ethikkodex** (allgemeine Verhaltensrichtlinien)	
2. **Unternehmungskultur** (gemeinsame Werte)	
3. **Strukturelle Massnahmen**	■ Grundstruktur (Dezentralisation) ■ Ethik-Komitee ■ Ethik-Beratungsstelle ■ Ombudsmann ■ Ethik-Advokat ■ Ethik-Audit (Social Audit)
4. **Personelle Massnahmen**	■ Mitarbeiterauswahl ■ Stellenbeschreibung ■ Ethik-Seminare ■ Mitarbeiterqualifikation

▲ Abb. 20   Überblick über die institutionellen Massnahmen der Glaubwürdigkeitsstrategie

3.3 Ethik-Programm
3.3.1 Einleitung

Die einzelnen Massnahmen zur Unterstützung einer Glaubwürdigkeitsstrategie dürfen, um ihre volle Wirksamkeit zu entfalten, nicht isoliert gesehen werden, sondern nur im Rahmen eines ganzen Ethik-Programmes, das um die Glaubwürdigkeit der Unternehmung bestrebt ist. Deshalb sind die verschiedenen Massnahmen aufeinander abzustimmen und in einem Gesamtkonzept zu integrieren.

Ein solches Programm zur Verwirklichung einer Glaubwürdigkeitsstrategie sollte sowohl bei der Formulierung als auch bei der Implementierung von den Schlüsselfiguren der Unternehmung getragen werden. Dabei bestehen keine Zweifel, dass dem **Topmanagement** als Ursprung und Ausgangspunkt einer Unternehmungskultur eine ausserordentlich grosse, wenn nicht die grösste, Bedeutung für

3.3 Ethik-Programm

ein unternehmungsethisches Verhalten zukommt.[1] Dies gilt wohl nicht nur für private Unternehmungen, sondern für jede Art von Organisation. So schreibt zum Beispiel Bok (1988, S. 31f.), Präsident der Harvard Universität, in seinem Jahresbericht 1986/87:

> «Universities will never do much to encourage a genuine concern for ethical issues or to help their students to acquire a strong and considered set of moral values unless presidents and deans take the lead. Without their endorsement and example, the diffidence and inertia that dog the subject of moral responsibility will continue to keep these issues at the margin of everyday campus life.» (Bok 1988, S. 32)[2]

Dem Topmanagement können im speziellen folgende Funktionen zugewiesen werden:

1. **Initiator:** Das Topmanagement hat die Initiative zu ergreifen und muss Massnahmen veranlassen, die seinen festen Willen zur Implementierung und Durchsetzung unternehmungsethischen Verhaltens zum Ausdruck bringen.
2. **Vorleben (Commitment):** Den Worten zur Bereitschaft für unternehmungsethisches Handeln muss im betrieblichen Alltag nachgelebt werden, indem das Topmanagement seine Entscheidungen so fällt, dass die Handlungsprioritäten für jedermann klar ersichtlich sind und keine Zweifel offen gelassen werden, dass ein ethisches Verhalten angestrebt werden muss.
3. **Durchsetzer:** Schliesslich sind die institutionellen Voraussetzungen zu schaffen, welche die Realisierung unternehmungsethischen Verhaltens unterstützen und fördern sowie jegliches unethische Verhalten zu verhindern versuchen. Dazu gehört auch, dass das Topmanagement um die Überwachung und Evaluation ethischen Verhaltens besorgt ist und damit die Wichtigkeit und Ernsthaftigkeit der getroffenen Entscheidungen und Massnahmen unterstreicht.

---

1 Die Werthaltungen des Topmanagements sind aber nicht nur für ethische, sondern für alle betrieblichen Entscheidungen von grosser Bedeutung. Vgl. beispielsweise Kieser (1985), der dies für die strategische Planung zeigt. Lorsch fordert deshalb, dass – falls diese Werte nicht in einem schriftlichen Statement vorliegen – die Topmanager ein «Cultural Audit» ingangsetzen sollten, bei dem in einem Prozess die individuellen Werte sichtbar gemacht, miteinander verglichen und aufeinander abgestimmt werden können. Vgl. Lorsch (1986, S. 104ff.). Vgl. auch Murray (1986, S. 103), der aufgrund der grossen Bedeutung dieser Werthaltungen die Notwendigkeit starker integrer Persönlichkeiten für eine gute Unternehmungskultur betont.

2 Die Verantwortung für die Weitergabe ethischen Verhaltens trägt aber die ganze Fakultät, welche in erster Linie für die Ausbildung der Studenten verantwortlich ist. Sie gibt den Studenten ein Weltbild mit, das diese in ihrem weiteren Leben, in ihrem Handeln und in ihrer Entscheidungen prägen wird. Deshalb ist es wichtig, dass sich Professoren für die ethische Ausbildung einsetzen: «Unless professors recognize the importance of moral education, unless they personally participate by treating ethical issues in their classes, counseling students, helping to define and administer rules of behavior on campus, any effort along these lures will lack credibility.» (Bok 1988, S. 32)

Wie ein Programm im einzelnen aussieht, kann aber nicht allgemein gesagt werden, denn es sollte gerade die spezifischen Gegebenheiten der jeweiligen Unternehmung berücksichtigen.[1] Wichtig ist, dass ein Ethik-Programm alle Mitarbeiter, d.h. alle Bereiche und Führungsstufen umfasst. Zudem muss glaubwürdiges Verhalten in einem Prozess erarbeitet werden, denn es können keine fertigen Antworten und Lösungen in Form von Checklisten abgegeben werden.[2] ▶ Abb. 21 zeigt, welche Aspekte für einen erfolgreichen Prozess besonders beachtet werden sollten.

3.3.2 Probleme bei der Implementierung eines Ethik-Programmes

Entscheidet sich eine Unternehmung, ein Programm aufzuziehen und zu implementieren, um unglaubwürdiges Verhalten zu verhindern und glaubwürdiges zu fördern, so stellen sich in Anlehnung an Waters (1978, S. 17ff.) eine Reihe von Problemen, die abschliessend kurz beschrieben werden sollen:

1. Hat unethisches Verhalten in der Vergangenheit stattgefunden und will man dieses Verhalten mit einem Ethik-Programm nun ändern, so ergeben sich zwei Probleme:

    a) Es können Widerstände beim Mitarbeiter auftreten, weil er sein Verhalten ändern muss. Dies ist besonders dann der Fall, wenn er sein neues Verhalten als anstrengender empfindet. Es ist deshalb wichtig, den Mitarbeiter in einer Art und Weise zu überzeugen, dass er sich mit den neuen Werten identifizieren kann.

    b) Vielfach erfährt über die Medien auch eine breite Öffentlichkeit davon (besonders dann, wenn das unethische Verhalten auch ungesetzlich war und man die Behörden informieren musste). In einem solchen Fall wird es stark von der Unternehmung abhängen, ob es ihr gelingt, in der Kommunikation ihre guten Absichten darzustellen und ihre Glaubwürdigkeit durch ihr gegenwärtiges und zukünftiges Handeln unter Beweis zu stellen.

2. Die Mehrzahl ethischer Probleme ist nicht mit einer eindeutigen Antwort zu lösen. Es bleibt deshalb vielfach die Frage, wer letztlich darüber entscheidet,

---

[1] Trotz seiner massgeschneiderten Form sollte ein Ethik-Programm aber nach Waters (1978, S. 14ff.) mindestens die folgenden Elemente und Aspekte berücksichtigen: (1) Removing ambiguity concerning organizational priorities, (2) Moving from abstract generality to concrete example, (3) Providing concrete steps for internal whistle blowers, (4) Developing an appropriate organizational vocabulary, (5) Launching sensitive investigative efforts.

[2] Dies schon aus dem einfachen Grund, weil die Interessen der Anspruchspartner zuerst abgeklärt und aufeinander abgestimmt werden müssen.

1. **Fixed time frame:** Understanding and identifying moral issues takes time and causes ferment, and the executive needs an uninterrupted block of time to ponder the problems.
2. **Unconventional location:** Religious groups, boards of directors, and professional associations have long recognized the value of the retreat as a way of stimulating fresh approaches to regular activities. If the group is going to transcend normal corporate hierarchies, it should hold the discussion on neutral territory so that all may participate with the same degree of freedom.
3. **Resource person:** The advantage of bringing in an outsider is not that he or she will impose some preconceived notion of right and wrong on management but that he will serve as a midwife for bringing the values already present in the institution out into the open. He can generate closer examination of the discrepancies between values and practice and draw on a wider knowledge of instances and intellectual frameworks than the group can. The resource person may also take the important role of arbitrator – to ensure that one person does not dominate the session with his or her own values and that the dialogue does not become impossibly emotional.
4. **Participation of CEO:** In most corporations the chief executive still commands an extra degree of authority for the intangible we call corporate culture, and the discussion needs the perspective of and legitimization by that authority it is to have any seriousness of purpose and consequence. One of the most interesting experiments in examining corporate policy I have observed lacked the CEO's support, and within a year it died on the vine.
5. **Credo:** Articulating the corporation's values and objectives provides a reference point for group inquiry and implementation. Ethical codes, however, when drawn up by the legal department, do not always offer a realistic and full representation of management's beliefs. The most important ethical inquiry for management may be the very formulation of such a statement, for the **process** of articulations is as useful as the values agreed on.
6. **Homegrown topics:** In isolating an ethical issue, drawing on your own experience is important. Philosophical business ethics has tended to reflect national social controversies, which though relevant to the corporation may not always be as relevant – not to mention as easily resolved – as some internal issues that are shaping the character of the company to a much greater degree. Executives are also more likely to be informed on these issues.
7. **Resolution:** In all the programs I observed except one, there was a point at which the inquiry was slated to have some resolution: either a vote on the issue, the adoption of a new policy, a timetable for implementation, or the formulation of a specific statement of values. The one program observed that had no such decision-making structure was organized simply to gather information about the company's activities through extrahierarchical channels. Because the program had no tangible goals or clearly articulated results, its benefits were impossible to measure.

▲ Abb. 21   Shared conditions of some successful ethical inquiries (Nash 1981, S. 89)

was nun eine ethische oder unethische Handlung ist. Waters (1978, S. 18) ist der Meinung, dass schliesslich der CEO als letzte und oberste Instanz dafür verantwortlich ist, welche Praktiken erlaubt sind und welche nicht.

3. Problematisch wird es auch dann, wenn derjenige, der unethisches Verhalten zum Vorschein bringt, selber für dieses mitverantwortlich ist. Er kann somit auf den ersten Blick nur verlieren. Auch hier ist es wichtig, dass die Spielregeln von Anfang an klar sind und von den Beteiligten akzeptiert werden. Inwieweit für den «schuldigen (Selbst-)Ankläger» eine Amnestie erlassen werden soll (um eine Anklage nicht zum vornherein zu vermeiden), kann nicht allgemein gesagt werden. Probleme stellen sich aber auch dann, wenn der Ankläger der Gewinner ist, eine mächtigere Person (z.B. sein Vorgesetzter) aber der Verlierer. Dieser Umstand könnte sich – wie bereits weiter oben erwähnt – als ein «Organizational Block» erweisen. In diesem Fall ist darauf zu achten, dass der Ankläger vor Rachemassnahmen geschützt wird, damit ein ethisches Programm überleben und erfolgreich sein kann.

4. Auch wenn ein internes Programm zur Förderung ethischen Verhaltens geschaffen worden ist, besteht die Möglichkeit – aus welchen Gründen auch immer, d.h. ob gerechtfertigt oder nicht gerechtfertigt –, dass nicht befriedigte Mitarbeiter trotzdem externe Personen oder Institutionen (z.B. Behörde, Politiker, Medien) informieren, um ihre Ziele zu erreichen. Damit kommt die Unternehmung in die Schlagzeilen und erleidet unter Umständen einen Schaden. Dazu ist allerdings zu bemerken, dass
    - diese Möglichkeit externen Alarmschlagens um so unwahrscheinlicher ist, je ernsthafter und umfassender das Programm zur Verhinderung unethischer Praktiken ist,
    - eine Unternehmung nach aussen trotzdem glaubwürdig erscheint, wenn sie ihre Beteuerungen durch konkrete Massnahmen in der Vergangenheit bezeugen kann, und
    - die Unternehmung durch den Lernprozess in der internen ethischen Auseinandersetzung wahrscheinlich auch fähig ist, sich in einer öffentlichen Diskussion mit solchen Problemen auseinanderzusetzen.

3.3.3	**Fallstudie Boeing**
3.3.3.1	Einleitung

Boeing wird als eine der am besten geführten und erfolgreichsten Grossunternehmungen angesehen, die zudem durch ein äusserst ethisches Verhalten aufgefallen ist, auch wenn die Firma nicht von unethischen Vorkommnissen in einzelnen Geschäftsbereichen verschont geblieben ist.[1]

Hauptsächlich in der Herstellung von Flugzeugen in den drei Segmenten «Commercial Transportation Products and Service», «Military Transportation Products and Related Systems» und «Missiles and Space»[2] tätig, beschäftigte Boeing im Jahre 1988 ungefähr 154 000 Mitarbeiter und erzielte 1988 einen Umsatz von 16.5 Milliarden Dollar (Nettogewinn 614 Millionen Dollar).

Boeing hat eine lange Tradition im Bemühen um ethisches Verhalten seiner Mitarbeiter vorzuweisen. Dabei zeigte sich, wie wichtig einzelne Persönlichkeiten waren, welche dem Unternehmen eine starke Unternehmungskultur mit klaren gemeinsamen Werten gaben. Zuerst war es William Allen, der als Präsident der Firma seit 1945 Boeing zu einer ethisch angesehenen Firma machte, dessen Mitarbeiter seine Werte und Integrität teilten. Er war es auch, der 1964 ein Ethik-Komitee ins Leben rief und eine klare Ethik-Politik formulierte.

Nachfolger von Allen war T.A. Wilson. Unter seiner Führung hatte Boeing schwere Zeiten zu überstehen. Nicht nur wirtschaftliche Probleme (innerhalb von fünf Jahren wurde beispielsweise der Mitarbeiterbestand von 150 000 auf 55 000 abgebaut), sondern auch ethische Probleme waren zu bewältigen. 1974 waren nämlich mehrere Mitarbeiter der Firma Boeing in einen Skandal verwickelt, der nach Bekanntwerden von Zahlungen an ausländische Besteller entstanden war. Diese Vorgänge verstiessen zwar gegen die ethischen Standards der Firma, aber offenbar hatte man es versäumt, diese Grundsätze auch zu vermitteln und durchzusetzen. Es war für Wilson ein klares Zeichen, die bisherige Ethik-Politik neu zu formulieren, Schulungsprogramme zu etablieren und gewisse Kontrollmechanismen einzubauen, um die Einhaltung der neuen Politik zu gewährleisten.

Diese neuen Massnahmen bezogen sich vor allem auf das Verkaufspersonal, während andere Bereiche noch vernachlässigt wurden. Anfangs der achtziger Jahre bemühte man sich aber, ein umfassenderes Ethik-Programm einzuführen,

---

1 Die folgenden Ausführungen stützen sich auf umfangreiche unternehmungsinterne Dokumente, welche die Firma Boeing in verdankenswerter Weise zur Verfügung gestellt hat, sowie auf einen Bericht von Hanson/Velasquez (1988a).

2 Boeing ist organisatorisch in vier Hauptdivisionen aufgeteilt: «Boeing Commercial Airplane Company», «Boeing Aerospace Company», «Boeing Military Airplane Company», «Boeing Helicopter Company».

das alle Mitarbeiter einbezog, nicht zuletzt deshalb, weil man erkannte, welcher Schaden aus unethischem Verhalten für die Unternehmung entstehen könnte. Allerdings wurde die Firma bei der Ausarbeitung ihres neuen Programmes im Jahre 1984 ein zweites Mal durch ein unethisches Verhalten ihrer Mitarbeiter überrascht. Die «Boeing Computer Services Company» (BCS) wurde überführt, in den illegalen Besitz von Informationen im Zusammenhang mit einem Regierungsauftrag gelangt zu sein, die den anderen Offertstellern nicht zugänglich waren. Boeing erreichte dadurch einen entscheidenden Wettbewerbsvorteil gegenüber ihren Konkurrenten. Dies bedeutete eine Verletzung der «Federal Procurement Rules», was zugleich die Ausschliessung der «Federal Systems Group» (FSG) der BCS von jeglichen Geschäften mit der Regierung zur Folge hatte.

Weil die FSG bei vielen Regierungskontrakten der Firma Boeing beteiligt war, ergaben sich durch diesen Ausschluss Auswirkungen auf die ganze Unternehmung. Der Präsident der BCS handelte deshalb unverzüglich. Er machte sofort die Schuldigen aus, ordnete Disziplinarmassnahmen an und versicherte der Regierung, ein grösseres Ethik-Programm zu veranlassen, damit solche Vorkommnisse in Zukunft verhindert würden. Damit bewirkte er eine Suspendierung des Ausschlusses der FSG innerhalb von zehn Tagen.

3.3.3.2 Ethik-Programm der Boeing

Nachdem die Bedeutung einer Unternehmungsethik durch diesen Zwischenfall noch deutlicher geworden war, stellte man ein umfassendes Ethik-Programm zusammen. Zu diesem Entscheid beigetragen hat auch eine Umfrage bei den Führungskräften, in welcher es um die Handhabung von Situationen ging, bei denen aufgrund von Interessenkonflikten keine eindeutige Antwort gegeben war. Die unterschiedlichen und widersprüchlichen Antworten der Führungskräfte verstärkten die Einsicht in die Notwendigkeit einer raschen Entwicklung und Implementierung eines Ethik-Programmes. Dabei konnte man sich auf das bereits vorhandene Programm abstützen, das die BCS nach ihrem weiter oben erwähnten Zwischenfall eingeführt hatte. Es bestand im wesentlichen aus fünf Elementen, die kurz erläutert werden sollen:

1. **Business Conduct Guidelines:** Im Jahre 1985 brachte Boeing eine überarbeitete Broschüre heraus, in welcher die ethischen Vorstellungen und Richtlinien der Firma zusammengefasst waren. 1987 erfolgte dann aufgrund der gesammelten Erfahrungen eine erneute Revision der darin aufgeführten Grundsätze und eine Aufteilung in zwei Dokumente. Das eine Dokument («Corporate Policies») enthält auf 31 Seiten sämtliche Verhaltensrichtlinien sowie Anweisungen, wie diese Verhaltensrichtlinien vermittelt und durchgesetzt werden können und sol-

len. Diese von allen Abteilungen und Tochtergesellschaften einzuhaltenden Grundsätze können mit einem offiziellen Gesetzestext verglichen werden. Auf diesem baut die zweite Broschüre von 17 Seiten auf, die als eine Art Zusammenfassung und zugleich Erläuterung der sehr ausführlich formulierten Ethik-Standards des ersten Dokumentes anzusehen ist. Obschon jede Division selbst über den Umfang des Empfängerkreises entscheidet, d.h. bis auf welche Führungsstufe die Dokumente abgegeben werden sollen, ist ersichtlich, dass die «Corporate Policies» sich vor allem an obere Führungskräfte ausrichten, während die erläuternde Broschüre für alle Mitarbeiter gedacht ist. In beiden Dokumenten erfolgt eine Einteilung der Verhaltensrichtlinien in sechs Hauptbereiche:

a) **Ethical Business Conduct:** Allgemeine Umschreibung der ethischen Einstellung und Bekräftigung der Bemühungen der Firma um ein ethisches Handeln.

b) **Dealing with Customers:** Darlegung ethischer Marketing-Praktiken. Interessant ist die Unterscheidung in allgemeine Richtlinien einerseits und spezielle Richtlinien für den Regierungsbereich andererseits, da für letzteren offenbar genaue Regeln eingehalten werden müssen. Sehr ausführlich wird auch auf das Offerieren von Gefälligkeiten (z.B. Unterhaltung, Werbeartikel, Essen, Unterkunft) an (potentielle) Kunden eingegangen. Da das Marketing für einen Flugzeughersteller wie Boeing einen sehr kritischen Bereich für unethisches Verhalten darstellt, wird ihm auch ein entsprechender Platz eingeräumt.

c) **Conflicts of Interest:** Interessenkonflikte tauchen immer dann auf, wenn persönliche Interessen des Mitarbeiters eine objektive Entscheidung (im Sinne der Unternehmungsinteressen) beeinflussen. Solche Konflikte treten beispielsweise dann auf, wenn ein Mitarbeiter einer ausserbetrieblichen privaten Arbeit nachgeht, die irgendwelche Berührungspunkte mit seiner Stelle in der Firma aufweist (z.B. identischer Kundenkreis).

d) **Dealing with Suppliers:** Angestrebt wird eine faire Beziehung zu den Lieferanten, indem einerseits alle gleich behandelt werden sollen und andererseits auch keine «Gefälligkeiten» angenommen werden dürfen, für die der Empfänger nichts oder nicht den Marktpreis bezahlen muss.

e) **Using Company Resources:** Material, Maschinen und Anlagen sowie Informationen dürfen nur für Unternehmungszwecke und nicht zu persönlichem Gebrauch verwendet werden.

f) **Other Ethical Considerations:** In einem letzten Abschnitt wird auf einige spezielle Bereiche eingegangen, nämlich auf zu beachtende Restriktionen
  - beim Einstellen ehemaliger Regierungsangestellter,
  - bei der Zusammenarbeit mit externen Beratern sowie
  - bei der Beachtung der gesetzlichen Antitrust-Vorschriften.

Interessant ist in diesem Zusammenhang das Vorgehen bei der Wahl des Allgemeinheitsgrades für die Formulierung der Verhaltensrichtlinien, insbesondere bei jener Broschüre, die tendenziell für alle Mitarbeiter gedacht ist. Hier stellt sich das bereits ausführlich diskutierte Problem, zwischen wenigen, sehr allgemeinen Prinzipien und vielen, sehr spezifischen Handlungsanleitungen zu entscheiden. Boeing hat dieses Problem in der Weise gelöst, dass bei jedem der besprochenen Hauptbereiche zuerst eine kurze Zusammenfassung («Summary») der wichtigsten Grundsätze (aus den «Corporate Policies») gegeben wird. Anschliessend werden einerseits Fragen aufgelistet, die der Leser selber beantworten muss, und andererseits typische Fragestellungen gegeben, wie sie aufgrund von Erfahrungen offenbar immer wieder gestellt werden, die dann kurz beantwortet werden. Mit diesem Vorgehen wird eine ausgewogene Vermittlung zwischen allgemeinen und speziellen Regeln erreicht.

2. **Trainingsprogramme in Unternehmungsethik:** Im Jahre 1985 begannen mehrere Unternehmungsdivisionen ein Trainingsprogramm einzuführen, um ethische Verhaltensweisen zu diskutieren und zu vermitteln. Der Kurs basierte auf einem einstündigen Video-Band und einer begleitenden Broschüre, in welcher einige Fälle und Fragen aufgeführt sind, die im wesentlichen auf den beiden Broschüren der «Business Conduct Guidelines» beruhen. An den ersten Schulungssitzungen nahmen die Topmanager teil, welche nachher selber das Gehörte und Erfahrene an ihre unmittelbar unterstellten Mitarbeiter weitervermitteln mussten. Dieser Prozess wurde fortgesetzt, so dass die Schulung über mehrere Führungsstufen weitergegeben werden konnte. Allerdings lag es in der Kompetenz der einzelnen Abteilung, nicht nur zu bestimmen *wie* das Programm konkret ausgestaltet werden sollte, sondern auch *wer* daran teilnehmen durfte.

3. **Ethics Advisor:** Jede Division hatte einen Ethik-Berater zu bestellen, welcher Ratschläge und Vorschläge bezüglich Verhaltensrichtlinien geben sollte. Ihm obliegt auch die Aufgabe, das eben erwähnte Ethik-Trainingsprogramm aufzustellen und zu überwachen. 1987 waren es im ganzen sieben Ethik-Berater. Um eine Überlastung des Ethik-Beraters zu vermeiden, setzten einige Divisionen zusätzlich sogenannte **«Ethical Focal Points»** ein, welche als Ethik-Berater in jedem Funktionsbereich dienten. Sie sollten zuerst angegangen werden; erst wenn weitere Schritte angezeigt waren, sollte der Ethik-Berater aufgesucht werden.

4. **Office of Business Practices:** Im Jahre 1986 wurde eine Stelle geschaffen, die direkt dem Corporate Headquarter angeschlossen war. Im Gegensatz zum Ethics-Advisor, welcher die Verhaltensrichtlinien zu interpretieren und Ratschläge zu erteilen hatte, bevor überhaupt ein unethisches Verhalten festgestellt

worden war, diente diese neue Stelle zur direkten Kommunikation, um über Verletzungen der ethischen Verhaltensrichtlinien zu berichten. Das Büro konnte von jedem Ort im Lande über eine gebührenfreie Telephonnummer oder über das interne Boeing-Telephonnetz erreicht werden.

5. **Ethics and Business Conduct Committee:** Diesem Komitee wurde die Verantwortung übertragen, einerseits das gesamte Ethik-Programm der Unternehmung zu überwachen und andererseits jene Fragen aufzugreifen, welche von den Ethics Advisors oder dem Corporate Office of Business Practices aufgeworfen wurden. Die Bedeutung, die man diesem vierköpfigen Komitee beimisst, geht bereits aus der personellen Besetzung hervor: Boeing's Vice Chairman sowie den Senior Corporate Executives aus dem Rechtsbereich, dem Controlling und dem Human Resources Bereich.

Neben diesen institutionalisierten Elementen des Boeing-Ethik-Programmes sind noch Bemühungen zu nennen, wie sie in Form von unternehmungsinternen Publikationen gemacht werden. Zu erwähnen wäre beispielsweise ein Brief des Präsidenten und CEO der Firma an alle Mitarbeiter, in welchem er diese zu ethischem Verhalten auffordert und auf die Bedeutung eines solchen Verhaltens aufmerksam macht. Dazu gehören auch Informationen in der Firmenzeitschrift «Boeing News», in der über die laufenden Massnahmen und Revisionen des Ethik-Programmes berichtet wird.

Interessant ist noch zu erwähnen, dass Boeing zwar den einzelnen Divisionen nach wie vor einen grossen Spielraum bei der Gestaltung ihres Ethik-Programmes einräumt, dass aber seit 1985 doch eine Tendenz zur Einschränkung dieses Freiraums zu beobachten ist. Es hat nämlich nicht nur eine Vereinheitlichung der detaillierten Richtlinien und Empfehlungen stattgefunden, sondern es wurde auch deren verbindliche Einhaltung und Durchsetzung gefordert. Ein Grund dafür lag allerdings nicht zuletzt im Unterzeichnen der «Defense Industry Initiatives on Business Ethics and Conduct» im Jahre 1986.

3.3.3.3 Erfolgsfaktoren

Dieses umfangreiche und erfolgreiche Ethik-Programm lässt die Frage aufkommen, warum es Boeing – gerade auch als Grossunternehmung – gelungen ist, eine solche Unternehmungsethik zu postulieren und vor allem durchzusetzen. Ein wichtiger Grund waren sicher die unethischen Zwischenfälle, in welche die Firma 1974 und 1984 verstrickt war und die der Unternehmung grösseren Schaden zugefügt haben, gleichzeitig aber die strategische Bedeutung der Integrität der Firma deutlich gemacht haben. Betrachtet man allerdings die langfristige Entwicklung der Firma, so darf man sagen, dass diese Zwischenfälle nicht Ursache für die vielen Massnahmen in diesem Bereich waren; sie mögen höchstens verstärkend und auf den gesamten Prozess beschleunigend gewirkt haben.

Aufgrund ihrer Untersuchung nennen Hanson/Velasquez (1988a, S. 18ff.) folgende Schlüsselpunkte, die aufgrund der Erfahrungen von Boeing bei der Realisierung einer Unternehmungsethik beachtet werden sollten:

1. **«Every chief executive recreates the ethical culture of the corporation»**: Es genügt nicht, dass das Topmanagement vermutet oder glaubt, dass die Unternehmung oder ihre Mitarbeiter ethisch handeln. Mitarbeiter erwarten, dass das oberste Management klare Zeichen gibt und Prioritäten setzt, da sie sonst unsicher sind, wie sie in heiklen Situationen entscheiden und handeln sollen.
2. **«Top management must secure the active support and commitment of divisional or operating company executives»**: Die Managementliteratur betont immer wieder die Vorteile von relativ autonomen organisatorischen Einheiten (z.B. Profit Centers). Es muss deshalb ein Weg gefunden werden, diese autonomen Einheiten von der Bedeutung ethischen Verhaltens zu überzeugen und zu konkretem Handeln zu veranlassen, ohne ihre Autonomie allzu stark einzuschränken.
3. **«Ethics should be approached as a system issue and not as a problem of ‹bad› individuals»**: Es wäre falsch, unethisches Verhalten nur auf charakterlose Individuen zurückzuführen. Natürlich gibt es wie überall solche Menschen. Wichtiger ist aber die Tatsache, dass die organisatorischen Voraussetzungen vielfach nicht gegeben sind, um ethisches Verhalten zu garantieren.[1] Klare Formulierung der Unternehmungsphilosophie und -praktiken sowie deren Verbreitung, Belohnungen und Anreize für Mitarbeiter, Bereitstellen von Ressourcen, um ethische Probleme angehen zu können, wären als Massnahmen zu nennen.
4. **«Each succeeding level of management must take creation of an active ethics program and maintenance of ethical behavior a central part of management performance evaluation»**: Die aktive Rolle des Managements bei der Durchsetzung eines Ethik-Programmes muss in die Leistungsbeurteilung einbezogen werden. Umgekehrt muss ein Manager, der für unethisches Verhalten in seinem Bereich verantwortlich ist, mit einer starken Reduktion in seinen Erfolgsprämien rechnen.[2]
5. **«The corporation must identify an effective training strategy»**: Boeing konnte diese Forderung erfüllen mit ihrer Ausrichtung sowohl auf allgemeine Prinzipien als auch auf spezifische Regeln, durch Unterstützung des Managements in den Linienstellen sowie durch die Behandlung konkreter Fälle und Fragen.

---

1 Vgl. dazu auch die Bemerkungen von Waters (1978, S. 4) sowie die Ausführungen im einleitenden Abschnitt dieses Kapitels.
2 Zur Problematik der Leistungsbeurteilung aufgrund nicht quantitativer Merkmale vgl. Banner/Cooke (1984).

3.3 Ethik-Programm

6. **«Training and other program elements should be tailored to each division or operation»:** Um die einzelnen Divisionen und Abteilungen einer Unternehmung zu motivieren, sollten nur allgemeine Richtlinien vorgegeben werden, innerhalb derer eine individuelle Gestaltung eines Ethik-Programmes vorgenommen werden kann.
7. **«Ethics programs should be rolled-out from top down»:** Die Wirksamkeit oder überhaupt ein Erfolg wird erst garantiert, wenn zuerst die obersten Führungskräfte an einem Ethik-Training teilnehmen. Damit wird auch erreicht, dass sie als Vorgesetzte das selber Aufgenommene mit ihrem Handeln weitervermitteln können.
8. **«Programs should have multiple upwards-communication channels»:** Es sind die Voraussetzungen zu schaffen, dass jeder Mitarbeiter die Möglichkeiten hat, unabhängige Stellen anzurufen, mit denen er seine Probleme besprechen oder denen er seine Bedenken anmelden kann.
9. **«Ethics programs are best implemented across the entire corporation»:** Massnahmen zur Gestaltung des ethischen Verhaltens sollten sämtliche Bereiche der Unternehmung umfassen, weil die ganze Unternehmung sich letztlich auf dieselbe Unternehmungsphilosophie berufen sollte.

Das Beispiel Boeing wurde ausgewählt, um zu zeigen, wie es eine der grössten Unternehmungen der Welt verstanden hat, ein umfangreiches Ethik-Programm zu formulieren und in die Praxis umzusetzen. Allerdings kann dieser «Erfolg» nicht darüber hinwegtäuschen, dass die inhaltliche Ausprägung dieser besprochenen institutionellen Massnahmen relativ wenige Anspruchspartner berücksichtigt. Beispielsweise bleiben auch viele gesellschaftlichen Fragen (z. B. im Zusammenhang mit der natürlichen Umwelt) ausgeklammert. Im Vordergrund stehen vor allem jene Bereiche, welche sich aus dem spezifischen Geschäft der Flugzeugherstellung bzw. besonders des Flugzeugverkaufs ergeben (Beziehung zu den Lieferanten und zu den Kunden). Dies soll aber nicht zum voreiligen Schluss verleiten, dass die Unternehmung nicht auch grosse Anstrengungen unternommen hat, andere Anspruchsgruppen zu befriedigen. Erwähnt seien in diesem Zusammenhang beispielsweise die grossen Bemühungen um umweltfreundliche Flugzeuge. Deshalb kann diese eingeschränkte Sichtweise auch nicht heissen, dass dieses Ethik-Programm nicht genauso gut für eine erweiterte Problembetrachtung im Rahmen einer Glaubwürdigkeitsstrategie geeignet wäre.

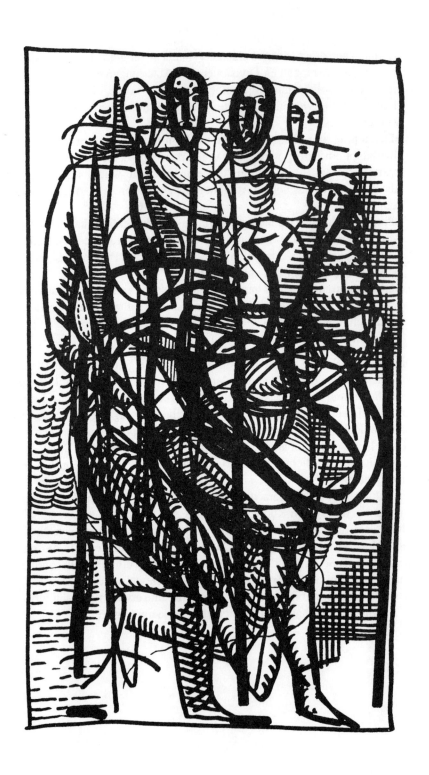

Kapitel 4

Fallstudie Johnson & Johnson

4.1 Johnson & Johnson

Johnson & Johnson ist eine diversifizierte internationale Unternehmung im Bereich Gesundheits- und Körperpflege.[1] Sie ist entsprechend ihren Abnehmergruppen in drei grössere Divisionen gegliedert, nämlich Konsumenten, Ärzteschaft und Pharmazie. Sie besitzt mehr als 170 Tochtergesellschaften in über 50 Ländern. Die Umsätze betrugen im Jahre 1995 beinahe 19 Milliarden Dollar. Die deutlich über dem Branchendurchschnitt liegende Eigenkapitalrendite deutet zudem an, dass es sich um eine äusserst erfolgreiche Unternehmung handelt.

Die Firma Johnson & Johnson ist aber nicht nur durch ihren finanziellen Erfolg bekannt geworden, sondern auch durch ihr ethisches Verhalten und insbesondere durch ihren Ethikkodex, der als Bestandteil einer starken Unternehmungskultur das Verhalten der Mitarbeiter steuerte und eine wesentliche Rolle spielte, als Johnson & Johnson von einer unvorhergesehenen Krise getroffen wurde, bei welcher es in starkem Masse um die Glaubwürdigkeit der ganzen Unternehmung ging.

---

[1] Die folgenden Ausführungen basieren auf Dokumenten, welche die Firma Johnson & Johnson in verdankenswerter Weise zur Verfügung gestellt hat, sowie auf Apitz (1987, S. 100ff.), McCoy (1985, S. 236ff.), Frederick/Davis/Post (1988, S. 487ff.), Nash (1988) und Peters/Austin (1985, S. 330).

Im folgenden soll gezeigt werden, auf welche Art und Weise die Firma Johnson & Johnson die Glaubwürdigkeit angestrebt hat:

1. Ein **erster Abschnitt** geht auf die Massnahmen zur Unterstützung eines glaubwürdigen Verhaltens ein. Wesentlichen Anteil bei der Realisierung der Glaubwürdigkeit hatte dabei der beinahe als paradigmatisch zu bezeichnende **Ethikkodex** der Firma Johnson & Johnson. Es wird erklärt, in welchem Umfeld dieser Ethikkodex entstanden, weiterentwickelt und implementiert worden ist.
2. In einem **zweiten Abschnitt** wird gezeigt, wie sich das **kommunikative, verantwortliche und innovative Handeln** der Firma gezeigt hat, als ihre Glaubwürdigkeit aufs äusserste in Frage gestellt war, nachdem mehrere Menschen nach Einnahme eines ihrer Produkte (Schmerzmittel Tylenol) gestorben waren.

4.2 Entstehung, Entwicklung und Implementierung des Ethikkodexes
4.2.1 Entstehung

Wenn man den Ethikkodex von Johnson & Johnson verstehen will, so muss man die gesamte Unternehmungskultur und -struktur verstehen, in welche dieser Kodex hineingeboren worden ist. Eine entscheidende Rolle spielte dabei die starke Betonung der organisatorischen und führungsmässigen **Dezentralisation**, die Ausrichtung der Geschäftstätigkeiten auf eine **langfristige Perspektive** sowie die **Lebensphilosophie** eines einzelnen Mannes.

Als 1932 der junge General Robert Wood Johnson die Führung der Firma übernahm, war er überzeugt, dass die Unternehmung wegen der starken Zentralisierung nicht mehr fähig war, sich weiter zu entwickeln. Diese Ansicht war zu jener Zeit gegen die vorherrschende Lehrmeinung, denn allgemein glaubte man, dass sich mit einer starken Zentralisierung Synergieeffekte realisieren liessen und «economies of scale» ausgenützt werden könnten. Er hielt aber nichts von diesen Meinungen und beschloss, seine ineffiziente und marktferne Unternehmung in unabhängige Einheiten aufzuspalten, was zugleich eine produktmässige und geographische Diversifikation ermöglichte.[1]

Daneben war Robert Wood Johnson von einer **Lebensphilosophie** geprägt, die den Menschen in den Mittelpunkt stellt. Sowohl das Wohl seiner Mitarbeiter als auch dasjenige der Gesellschaft als Ganzes waren ihm ein wichtiges Anliegen. So forderte er beispielsweise einen Mindestlohn für die Arbeiter, was für seine Zeit revolutionär war und ihm den Ausschluss aus der National Manufacturers Association einbrachte. Ebenso revolutionär musste wohl die folgende Aussage für

---
1 Auf die Bedeutung dieser starken Dezentralisierung im Zusammenhang mit dem Ethikkodex wird in einem separaten Abschnitt 4.2.3 «Dezentralisierung und Ethikkodex» eingegangen.

seine Zeitgenossen gewesen sein, welche er kurz nach dem zweiten Weltkrieg äusserte:

> «Institutions, both public and private, exist because the people want them. The day has passed when business was a private matter – if it ever really was. In business society, every act of business has social consequences and may arouse public interest. Every time business hires, builds, sells or buys, it is acting for the people as well as for itself, and it *must* accept full responsibility for its acts.»[1]

Überflüssig zu sagen, dass eine solche Philosophie auf einer **langfristigen Perspektive** aufbaut und sich nicht an kurzfristigen finanziellen Erfolgen misst.

1944/45 veröffentlichte Robert Wood Johnson seine Ideen in einem einzigen Dokument, das er «An Industrial Credo» nannte und das nicht nur für seine eigene Unternehmung, sondern auch für andere Geschäftsleute wegweisend sein sollte. 1948 wurde dieses Dokument dann in **«Our Credo»** unbenannt, wie es auch heute noch heisst. In ▶ Abb. 22 ist dieses Credo in seinem heutigen Wortlaut abgedruckt.

Im **Ethikkodex** von 1944/45 unterschied und umschrieb Johnson vorerst vier Bereiche, welche die Unternehmung besonders achten und beachten sollte, bevor er im Jahre 1947 einen weiteren hinzufügte (community). Es waren dies folgende Bereiche: (1) Customers, (2) Management, (3) Employees, (4) Communities in which they work and live, (5) Stockholders.

Bei diesem Ethikkodex fällt auf, dass er sich direkt an verschiedene Anspruchsgruppen richtet und damit die mittelbar und unmittelbar Betroffenen berücksichtigt. Dabei ist es nicht zufällig, dass die Verantwortung gegenüber den Aktionären erst am Schluss aufgeführt wird. Auf diese Tatsache häufig angesprochen, verwies James Burke, ehemaliger Chairman und CEO der Firma, auf die These (und seine Überzeugung), dass die Aktionäre immer befriedigt werden, solange die anderen drei Gruppen gut behandelt werden. Dies gilt natürlich für jede der aufgeführten Gruppen.

Zweitens gilt es hervorzuheben, dass es sich zwar um relativ allgemeine Grundsätze handelt, dass damit aber genau jene Bereiche, Probleme und Situationen angesprochen sind, mit denen man sich im Rahmen der täglichen Geschäfte auseinanderzusetzen hat.

Schliesslich wird der finanzielle Gewinn als etwas selbstverständliches deutlich angesprochen und nicht – wie dies in vielen Ethikkodizes der Fall ist – aus der Betrachtung ausgeschlossen bzw. verdrängt. Man steht dazu, einen Gewinn erzielen zu wollen, allerdings einen Gewinn, der mit einem ethischen Verhalten erarbeitet worden ist.

---

1   Zitiert nach McCoy (1985, S. 236).

Our Credo

We believe our first responsibility is to the doctors, nurses and patients,
to mothers and all others who use our products and services.
In meeting their needs everything we do must be of high quality.
We must constantly strive to reduce our costs
in order to maintain reasonable prices.
Customers' orders must be serviced promptly and accurately.
Our suppliers and distributors must have an opportunity
to make a fair profit.

We are responsible to our employees,
the men and women who work with us throughout the world.
Everyone must be considered as an individual.
We must respect their dignity and recognize their merit.
They must have a sense of security in their jobs.
Compensation must be fair and adequate,
and working conditions clean, orderly and safe.
Emloyees must feel free to make suggestions and complaints.
There must be equal opportunity for employment, development
and advancement for those qualified.
We must provide competent management,
and their actions must be just and ethical.

We are responsible to the communities in which we live and work
and to the world community as well.
We must be good citizens – support good works and charities
and bear our fair share of taxes.
We must encourage civic improvements and better health and education.
We must maintain in good order
the property we are privileged to use,
protecting the environment and natural resources.

Our final responsibility is to our stockholders.
Business must make a sound profit.
We must experiment with new ideas.
Research must be carried on, innovative programs developed
and mistakes paid for.
New equipment must be purchased, new facilities provided
and new products launched.
Reserves must be created to provide for adverse times.
When we operate according to these principles,
the stockholders should realize a fair return.

▲ Abb. 22   **Ethikkodex von Johnson & Johnson**

Trotz kleineren Änderungen zur Verbesserung und Erhöhung der Verständlichkeit sowie zur Anpassung an die veränderten Umweltbedingungen, wurde in den fünfziger und sechziger Jahren keine grundlegende Überarbeitung des Credos vorgenommen. Auch wurden keine besonderen Anstrengungen unternommen, um ein spezielles Ethik-Programm zur Durchsetzung des Credos aufzustellen. Dies war nicht zuletzt auf die Persönlichkeit von Robert Wood Johnson zurückzuführen, der während dieser Zeit der Firma vorstand und das personifizierte Credo darstellte. Er versuchte vor allem mit seinen Worten und Taten dieses Credo zu vermitteln.

4.2.2 Weiterentwicklung und Implementierung

Nach dem Rücktritt von Johnson wurden in den siebziger Jahren Bemühungen unternommen, dieses Credo noch stärker zu implementieren und auf seine Gültigkeit hin zu überprüfen. Nachdem im Jahre 1972 vorerst mit mehr als 4000 Mitarbeitern im ganzen zehn «Credo Dinner Meetings» durchgeführt worden waren, um die Glaubensgrundsätze des Credos zu verstärken, entschied man sich 1975 nach längeren Diskussionen für die Durchführung von speziellen Meetings zur Überprüfung des Credos. Drei Fragen standen dabei im Vordergrund:

1. War das Credo immer noch – als ganzes oder nur Teile davon – anwendbar?
2. Sollten irgendwelche Anpassungen vorgenommen werden?
3. Die wichtigste Frage aber war, wie das Credo im Management von Johnson & Johnson implementiert werden sollte.

In der Zeit von 1975 bis 1978 nahmen über 1200 Topmanager an Workshops teil, in denen sie in Gruppen von 25 oder weniger Teilnehmern während zweier Tage miteinander diskutierten. Die dabei zugrunde liegende Idee des Vorgehens war typisch für Johnson & Johnson, denn diese Topmanager sollten in einer späteren Phase – im Sinne der dezentralisierten Führung – die Bedeutung des und das Verständnis für das Credo an ihre eigenen Manager weitergeben.

Diese Meetings fanden in einer offenen Atmosphäre statt und mit Kritik wurde offenbar nicht gespart. Das Resultat dieser Veranstaltungen machte zwei Punkte deutlich:

1. Die Abstimmung der verschiedenen, im Credo genannten Verantwortlichkeiten war sehr schwierig und konnte nicht ohne zusätzliche Diskussionen vorgenommen werden.
2. Die meisten Manager waren den Grundsätzen des Credos äusserst hingegeben (committed) und bereit, diese weiter zu ergründen. Dies obschon die Manager

mit ihren eigenen Wertvorstellungen zu diesen Meetings kamen und auch nicht mit einem völlig neuen Set von Werten an ihren Arbeitsplatz zurückkehrten.

Einer der positivsten Aspekte dieser kritischen Auseinandersetzung mit dem Credo war der Erfahrungsaustausch.[1] Wenn nämlich die Einhaltung bestimmter Grundsätze von einzelnen Mitarbeitern angezweifelt oder für unmöglich gehalten wurde, so konnten von Kollegen immer wieder Beispiele gegeben werden, aus denen sichtbar wurde, dass diese Grundsätze effektiv eingehalten werden können und wurden. Wie aus der Literatur zur Unternehmungskultur bekannt ist, sind gerade solche Beispiele wichtig, weil sie die grundlegenden Werte für alle Mitarbeiter veranschaulichen und zu tragenden, d.h. das Verhalten beeinflussenden Beispielen bzw. Anekdoten werden können, die man sich immer wieder erzählt.[2]

Nachdem in der Zwischenzeit zwei grössere Credo-Meetings veranstaltet worden waren, erfolgte dann 1979 eine umfassende Revision des Credos. Neben kleineren Anpassungen wurden auch einige grössere Änderungen vorgenommen. So wurden beispielsweise die zwei (Anspruchs-)Gruppen «Mitarbeiter» und «Management» zu einer einzigen Gruppe «Mitarbeiter» zusammengefasst. Einige neue Verantwortlichkeiten wurden beigefügt wie beispielsweise die Verantwortung für eine gesunde, sichere und saubere Arbeitsumwelt. Ebenso kam die Verpflichtung der Unternehmung hinzu, als gute Bürgerin der Gemeinde die Verantwortung gegenüber der Umwelt und den natürlichen Ressourcen zu übernehmen. Dieses revidierte Credo wurde an einem «Worldwide Management Meeting» 1979 den Managern aller Tochtergesellschaften bekanntgemacht.

Schliesslich begann im Jahre 1986 eine neue Initiative, mit der eine regelmässige Auseinandersetzung und Anpassung des Credos bezweckt wurde. Diesmal wollte man allerdings nicht nur das Topmanagement ansprechen, sondern sämtliche Mitarbeiter. Damit wollte man in erster Linie überprüfen, ob die Mitarbeiter auch das Gefühl hätten, dass die Firma Johnson & Johnson tatsächlich ihrer Verantwortung, speziell gegenüber ihren Mitarbeitern, nachgekommen sei. Weltweit wurde ein Fragebogen mit 240 Fragen an alle Mitarbeiter verschickt. Selbstverständlich wurden die Daten vertraulich behandelt. Jeder Präsident oder Vorsteher eines Departementes erhielt lediglich die Ergebnisse seiner Firma, die ihm dazu dienen sollten, zusammen mit seinem Management die entsprechenden Konse-

---

1 Auch Waters/Bird (1987, S. 18f.) machen darauf aufmerksam, dass der Erfahrungsaustausch mit Kollegen ein wichtiger Punkt sei, um den ethischen Stress, d.h. die Schwierigkeiten bei der Anwendung unklarer (weil zu allgemein) und widersprüchlicher ethischer Grundsätze, zu reduzieren.
2 Vgl. Waters/Bird (1987, S. 21), die von «exemplary precedents for the organization» und «moral exemplars» sprechen. Vgl. auch deVries (1986), der auf die Bedeutung von «Exemplars» im Rahmen einer Unternehmungsethik eingeht (vgl. dazu die Ausführungen in Abschnitt 3.2 «Institutionelle Massnahmen»).

quenzen zu ziehen. Damit wurde eine weitere Absicht der Umfrage verwirklicht, nämlich die Partizipation der Mitarbeiter zu fördern.

Wie die ersten Resultate für die amerikanischen Firmen zeigten, wurde bestätigt, dass die Verantwortlichkeiten in den verschiedenen Bereichen in der Regel gut wahrgenommen wurden: Die Wahrnehmung der Verantwortung gegenüber den Kunden, der Gemeinde und den Aktionären wurde von 72 bis 82 Prozent der Mitarbeiter als «gut» oder «sehr gut» bezeichnet, während die entsprechende Zahl für den Bereich Mitarbeiter nur bei 60 Prozent lag. Diese tiefe Quote war einerseits darauf zurückzuführen, dass ein Schwergewicht der Fragen auf dem Mitarbeiterbereich lag, andererseits in diesem Bereich wahrscheinlich auch tatsächlich die schlechteste Leistung erzielt wurde, wie man bereits seit längerer Zeit vermutet hatte.

4.2.3 Dezentralisierung und Ethikkodex

Das Headquarter der Firma Johnson & Johnson ist in New Brunswick, New Jersey. Ihm obliegt die Führung der über 160 Tochtergesellschaften in allen Teilen der Welt. Es legt die oberste Geschäftspolitik fest, nimmt bestimmte Kontrollfunktionen wahr (z.B. Financial Audit) und stellt gewisse Programme (z.B. zur Garantierung der Sicherheit der Mitarbeiter) auf, die für alle Tochtergesellschaften verbindlich sind. Diese geniessen aber trotzdem aufgrund der starken Dezentralisierung einen grossen Freiraum bei der Gestaltung ihrer eigenen Politik. Jede dieser Firmen wird von einem eigenen Präsidenten (meist Managing Director genannt) geführt, welcher diese Politik mit seinem Topmanagement für jene Geschäftsbereiche festlegen kann, in denen die Unternehmung tätig ist. Die starke Betonung der individuellen Initiative geht sogar soweit, dass beispielsweise vom Headquarter lediglich vorgegeben wird, einen neuen Geschäftsbereich zu etablieren, aber keine genauere Spezifikation über die Art des Produktes oder des Marktes gegeben wird. Diese grosse Autonomie führt dann oft dazu, dass Einheimische eine Tochtergesellschaft nicht als eine amerikanische, sondern als ein inländische Firma betrachten.

In diesem Zusammenhang ist nun auch der Ethikkodex zu sehen und zu verstehen. Das Credo selber ist – zumindest auf den ersten Blick – eine wichtige Ausnahme zur Idee der Dezentralisation, bildet aber bei genauerem Hinsehen gleichzeitig die Voraussetzung für eine solche Dezentralisation, wie James Burke als Chairman und CEO der Firma ebenfalls einmal festgehalten hat: «The Credo is our common denominator. It guides us in everything we do. It represents an attempt to codify what we can all agree upon since we have highly independent managers.» (zitiert nach Nash 1988, S. 80).

Damit löst sich der scheinbare Widerspruch zwischen dem Bestreben nach Dezentralisation und dem (zentralistisch ausgerichteten) Credo auf. Gerade die starke Dezentralisierung benötigt allgemeine Grundsätze, nach denen sich alle ausrichten können, die aber noch genügend Raum lassen, um sie auf eine eigene, persönliche Art und Weise zu verwirklichen. Nirgends wird vorgeschrieben oder gesagt, welches der beste Weg sei, um diese Grundsätze umzusetzen. Es ist Aufgabe des Managements (und zugleich eine Anforderung), diesen Weg zu finden. Dies bedeutet aber gleichzeitig, dass die Firma grosses Vertrauen in ihre Mitarbeiter hat, die richtigen Entscheide zu fällen, und dies sowohl unter einem ökonomischen als auch ethischen Gesichtswinkel (sofern diese beiden Aspekte überhaupt voneinander getrennt werden können).

Somit besteht überhaupt kein Zielkonflikt zwischen einer Dezentralisierung und einem Credo, sondern im Gegenteil Zielharmonie. Das eine dient zur Verwirklichung des anderen, ja sie bedingen einander sogar. Deshalb ist es besonders wichtig, dass die hinter dem Credo stehenden Werte von den Managern akzeptiert und geteilt werden.[1]

Allerdings gibt es gelegentlich Situationen, in denen die Dezentralisierung – gerade wegen der Grundsätze im Credo – aufgehoben werden muss. In diesen seltenen Fällen zögert das Topmanagement nicht, autokratisch ein Programm oder bestimmte Richtlinien für alle für verbindlich zu erklären (ein Beispiel wurde bereits weiter oben mit dem Programm für die Sicherheit der Mitarbeiter gegeben).

Damit kann zusammenfassend festgestellt werden, dass das Credo sowohl eine zentralistische Kraft hat als auch ein Mittel zur Durchsetzung der angestrebten Dezentralisation ist.

4.2.4 Ursachen für den Erfolg des Credos

Der Einfluss des Credos auf das Unternehmungsverhalten und die einzelnen Handlungen der Mitarbeiter im Grossen und im Kleinen ist unübersehbar. Es ist zu einem Symbol der Unternehmungsidentität geworden und verkörpert die Grundwerte, auf welche die Mitarbeiter bauen, an die sie sich halten und die sie anstreben. Dabei sollte nicht vergessen werden, dass trotz der öffentlichen Bekanntheit des Credos dieses primär als internes Dokument gebraucht wurde. Erst nach der bereits erwähnten Tylenol-Krise (auf die noch ausführlich eingegangen wird), bei der dieses Credo eine äusserst wichtige Rolle gespielt hatte, erfuhr eine

---

1 Vgl. dazu auch Hoffman (1986), der aufgrund einer empirischen Untersuchung ebenfalls zum Schluss kam, dass ethisch exzellente Unternehmungen einerseits durch eine starke ethische Unternehmungskultur und andererseits durch eine starke ethische Autonomie des einzelnen Individuums innerhalb der Unternehmungskultur gekennzeichnet sind.

breitere Öffentlichkeit davon. Trotzdem ist es nicht zu einem billigen Public Relations-Instrument abgerutscht, nicht zuletzt deshalb, weil erstens Johnson & Johnson diese Werte auch vorlebt und zu verwirklichen sucht und zweitens, weil es vor allem als internes Führungsinstrument seine Wirkung unter Beweis gestellt hat.

Die Bedeutung des Credos wird beispielsweise im «Statement of Strategic Directions» sichtbar, indem bereits im ersten Abschnitt auf das Credo Bezug genommen wird, genauso wie auf die Philosophie eines dezentralisierten Managements und auf die Betonung eines langfristigen Wachstums. Auch eine Broschüre für die Anstellung von Studenten macht gleich zu Beginn deutlich, dass das Credo – «A Statement of Corporate Philosophy» – an oberster Stelle steht und Ausgangspunkt unternehmerischen Handelns bei Johnson & Johnson ist. Daneben zeigt sich die Wirksamkeit des Credos in vielen kleineren und grösseren Handlungen, auf die an dieser Stelle nicht im Detail eingegangen werden soll.[1] In einem nächsten Abschnitt soll daher gezeigt werden, wie in einer kritischen Situation, wie dies in der Tylenol-Krise der Fall war, das Credo wirkte und zu einem kommunikativen, verantwortlichen und innovativen Handeln geführt hat.

Abschliessend soll aber noch die Frage gestellt werden, warum dieses Credo so erfolgreich war, welches die wichtigsten Einflussfaktoren sein mögen, die zu diesem – nicht nur materiellen – Erfolg geführt haben. Ohne die einzelnen Faktoren gewichten zu wollen, kann folgende Liste gegeben werden:

1. **Darstellung** und **Inhalt** des Dokumentes:
   - Das Dokument ist kurz, klar, prägnant und anschaulich formuliert.
   - Die Grundsätze stehen in engem Bezug zu den effektiven Problemen des Geschäftslebens von Johnson & Johnson.
   - Die Verantwortlichkeiten gegenüber bestimmten Anspruchsgruppen werden nicht gewichtet, sondern ausbalanciert.
   - Die einzelnen Grundsätze für die verschiedenen Bereiche sind konsistent und widersprechen sich nicht.
   - Das Credo beruht zwar auf idealistischen Werten, die jedoch in der Geschichte der Firma und der Unternehmungskultur eine bedeutende Rolle gespielt haben.

2. **Werte** und **Personen,** die hinter dem Dokument stehen:
   - Das Credo wurde von einzelnen Persönlichkeiten und ihrer Lebensphilosophie stark geprägt.
   - Das Topmanagement steht voll hinter diesen Grundwerten und versucht, diese Haltung mit Worten und Taten sichtbar zu machen.

---

[1] Vgl. dazu Nash (1988, S. 91 ff.), die eine Liste von anschaulichen Beispielen gibt.

3. **Implementierung** des Dokumentes:
   - Es wurden grosse Bemühungen unternommen, das Credo mit Hilfe spezieller Programme zu vermitteln und zu implementieren. Dabei spielte die Kommunikation, d.h. das Diskutieren der Grundsätze und das Besprechen von konkreten Fällen, ein grosse Rolle.
   - Für grössere Probleme, die nicht mit Hilfe des Credos gelöst werden können, steht das Topmanagement zur Verfügung.

4. Kontinuierliche **Auseinandersetzung** und **Weiterentwicklung:**
   - Bereitschaft, die Grundsätze zu diskutieren und neuen Verhältnissen anzupassen.
   - Bereitschaft zu überprüfen, ob den Grundsätzen auch tatsächlich nachgelebt wird.

5. **Dezentralisierung**
   - Die starke Dezentralisierung verlangt geradezu allgemeine gemeinsame Richtlinien, nach denen man sein eigenes Handels ausrichten kann.
   - Das Credo schenkt Vertrauen, dass der Mitarbeiter den Willen und die Fähigkeiten hat, diese hohen idealistischen Werte erreichen zu können.

4.3 Realisierung einer Glaubwürdigkeitsstrategie

4.3.1 Tylenol-Krise 1982

4.3.1.1 Ausgangslage

Am 29. September 1982 wurde über die Medien bekannt, dass in Chicago und Umgebung sieben Menschen an einem Schmerzmittel gestorben waren, das – wie sich später herausstellte – mit Zyanid versetzt war. Das Schmerzmittel war «Extra-Strength Tylenol» in Form von Kapseln,[1] hergestellt von einer Tochtergesellschaft der Firma Johnson & Johnson, der McNeil Consumer Products Company. Dieses Produkt ist in den USA das meistverkaufte rezeptfreie Schmerzmittel mit einem Marktanteil von etwa einem Drittel des Gesamtmarktes mit einem Volumen von 1.2 Milliarden Dollar. Es erlangte seine Beliebtheit dadurch, dass es scheinbar eine sichere und wirksame Alternative zu Aspirin war, weil es gemäss der Herstellerfirma keine unangenehmen Nebeneffekte zeigte, wie dies bei einigen Konsumenten von Aspirin festgestellt wurde. Dieses Image und das Vertrauen, welches sowohl die Ärzte als auch die Detailhändler und letztlich die Ver-

---

[1] Daneben wurde noch das «Regular Tylenol» angeboten. Beide waren zu diesem Zeitpunkt als Kapseln und Tabletten erhältlich.

braucher dem Medikament entgegenbrachten, waren für dessen Erfolg ausschlaggebend. Eine gewisse Rolle mag dabei auch die Werbung gespielt haben, wurde doch allein 1981 der Werbeaufwand für sämtliche Tylenol Produkte auf 43 Millionen Dollar geschätzt, was auch verglichen mit der Konkurrenz ein sehr hoher Betrag war.

Unter diesen Voraussetzungen ist es nicht erstaunlich, dass die Meldung über die Unglücksfälle zu Schlagzeilen in den Medien und zu grosser Unruhe in der Bevölkerung geführt hat. Der Umsatz dieses Produktes ging schlagartig zurück, nach gewissen Schätzungen bis zu 80 Prozent. Nicht nur die Verbraucher kauften das Schmerzmittel nicht mehr, auch die Händler entfernten es aus ihren Verkaufsgestellen. Auf der anderen Seite nahmen die Umsätze der Konkurrenten zu.

In dieser heiklen Situation musste sich die Unternehmung innert kurzer Zeit entscheiden, was sie unternehmen wollte. Zu diesem Zweck wurde sofort nach Bekanntgabe der ersten Informationen über die Vorfälle ein siebenköpfiges **Krisenmanagement-Team** unter der Leitung des Chairman und Chief Executive Officer James E. Burke eingesetzt. Dieses traf sich zweimal täglich, um schnelle Entscheidungen angesichts der rasch fortschreitenden Ereignisse fällen zu können und um die verschiedenen Massnahmen der Unternehmung zu koordinieren.

Anhand der Aktionen dieses Komitees soll gezeigt werden, wie Johnson & Johnson ihre **Glaubwürdigkeit** gewahrt, ja vielleicht sogar noch erhöht hat. Ausgehend von einer Vorwärtsstrategie, das Produkt grundsätzlich beizubehalten,[1] sollen die konstitutiven Handlungskomponenten der **Glaubwürdigkeitsstrategie** in den folgenden Abschnitten beschrieben werden.

4.3.1.2 Kommunikatives Handeln

Burke strich unverzüglich alle geplanten und schon vorbereiteten Werbespots für diese Produktgruppe und versuchte über die Medien, das Publikum zu informieren und auf dem laufenden zu halten. Er gab bekannt, dass Johnson & Johnson alles unternehmen werde, um die sicherste Verpackung zu entwickeln, die für ein freiverkäufliches Medikament überhaupt vorstellbar sei. Daneben versuchte die Firma, mit verschiedenen Interessengruppen in Kontakt zu treten:

- Bereits am Mittag, nachdem man am Morgen die ersten Meldungen über die Todesfälle erhalten hatte, verschickte die Firma beinahe eine Million Eilbriefe an **Ärzte, Spitäler** und **Grossisten,** um auf die Gefahr von vergifteten Tylenol-Kapseln aufmerksam zu machen.

---

[1] Die Möglichkeit, das Produkt vollständig aufzugeben oder unter einem neuen Markennahmen zu vertreiben, wurde nie ernsthaft in Betracht gezogen.

- Johnson & Johnson war bekannt für ihre Informationskargheit gegenüber den **Medien**. Dies änderte sich schlagartig mit dieser Krise. Die Presse wurde zu einem engen Partner, um die Öffentlichkeit auf dem laufenden zu halten. Das Topmanagement war jederzeit bereit, Interviews zu geben oder im Fernsehen in verschiedenen Veranstaltungen zu erscheinen.
- McNeil richtete ein Krisentelephon ein. Dieses konnte von den **Verbrauchern** gebührenfrei benutzt werden und diente zur Abklärung von Fragen im Zusammenhang mit der Sicherheit des Medikamentes. 30 000 Anrufe wurden allein während der ersten sechs Wochen registriert! Ebenso wurde jeder Kundenbrief bezüglich Tylenol individuell beantwortet. Bis Ende November wurden über 3000 Antwortbriefe verschickt.
- In Briefen wurden die gegenwärtigen und pensionierten **Mitarbeiter** gebeten, sich in dieser für die Firma schweren Zeit für ihren aktuellen und ehemaligen Arbeitgeber einzusetzen. Zudem wurden im gesamten vier Video-Sonderberichte für die Mitarbeiter zusammengestellt, die zu verschiedenen Zeitpunkten über die Entwicklung der Tylenol-Krise berichteten. Die Solidarität der Mitarbeiter mit ihrer Firma war nicht zu übersehen. Hunderte von Mitarbeitern arbeiteten freiwillig ohne zusätzliche Bezahlung, um einen persönlichen Beitrag zur Bewältigung der Krise zu leisten.
- Mitarbeiter von Johnson & Johnson suchten das Gespräch mit der **Behörde**. Sie sprachen mit über 160 Abgeordneten in Washington, um unter anderem ein bundesweites Gesetz aufzustellen, das Fälschungen von Medikamenten als ein Schwerverbrechen einstuft.
- Die **Aktionäre** wurden im vierteljährlich erscheinenden Aktionärsbrief ausführlich über die Auswirkungen des Vorfalls informiert.
- Im Oktober und anfangs November wurden 60 Sekunden dauernde TV-Spots gesendet, in welchen Dr. Thomas Gates, der medizinische Direktor der Firma McNeil, einer breiten **Öffentlichkeit** versicherte, dass die Unternehmung alles nur Erdenkliche unternehmen wolle, um das Vertrauen des Konsumenten zu erhalten. Zugleich kündigte er an, dass das Produkt mit einer neuen fälschungssicheren Verpackung wieder eingeführt werde.
- Auch **Ärzte, Zahnärzte, Krankenschwestern** und **Apotheken** wurden weiterhin direkt orientiert. Insgesamt wurden ungefähr zwei Millionen Informationsunterlagen über die Krise selbst sowie die grossen Bemühungen um eine noch sicherere Verpackung verschickt.
- Bis Ende 1982 besuchten über 2000 Verkäufer von Johnson & Johnson frei praktizierende **Ärzte** sowie verschiedene **medizinische Institutionen,** um die Unterstützung bei der Wiedereinführung des Produktes mit der neuen Packung sicherzustellen. Bis Anfang 1983 zählte man über eine Million solcher Präsentationen.

4.3.1.3 Innovatives Handeln

In erster Linie galt es, eine Packung zu entwickeln, die das Vertrauen in das Schmerzmittel wiederherstellte und die Glaubwürdigkeit der Firma bewahrte. Johnson & Johnson setzte deshalb alles daran, um ein Produkt herzustellen, das nach menschlichem Ermessen vor Fälschungen sicher war.

- Mitte November wurde eine solche **Verpackung** an einer Video-Pressekonferenz, welche via Satellit in 30 Städte übertragen wurde und an der etwa 3000 Journalisten teilnahmen, demonstriert. Im Dezember 1982 konnten die neuen Packungen ausgeliefert werden. Diese waren dreifach versiegelt und entsprachen als erste vollständig den nationalen Forderungen nach betrugsicheren Verpackungen und den neuen, von den Vorfällen beeinflussten Vorschriften der Food and Drug Administration (FDA). Damit erlangte die Firma auch einen nicht unwesentlichen Wettbewerbsvorteil gegenüber der Konkurrenz.

- Daneben galt es aber durch ein innovatives **Marketing** die Kunden zurückzugewinnen. Erwähnenswert sind die beiden folgenden ungewöhnlichen Massnahmen:
    - Mitte November wurde – gleichzeitig mit der Ankündigung einer neuen sicheren Verpackung – eine gebührenfreie Telephonnummer bekanntgegeben. Jeder Anrufer erhielt einen Gutschein für den Kauf eines beliebigen Tylenol-Produktes. Innert weniger Tage erhielt die Firma weit über 100 000 Anrufe.
    - In auflagenstarken Zeitungen erschienen grossformatige Inserate mit einem Gutschein von 2.50 Dollar für irgendein Tylenol-Produkt.

  Für diese beiden Massnahmen entschloss man sich auch deshalb, weil eine Umfrage gezeigt hatte, dass etwa 35 Prozent der Verbraucher nach Ausbruch der Krise ihre Tylenol-Produkte weggeworfen hatten.

4.3.1.4 Verantwortliches Handeln

Jegliche Entscheidungen und Handlungen der Firma Johnson & Johnson basierten auf dem Grundsatz der Sicherheit der Öffentlichkeit. Es durfte nichts unternommen werden, was nicht der öffentlichen Sicherheit diente oder diese in irgendeiner Art und Weise gefährdete.

Wie sich herausstellte, war das Zyanid vorsätzlich in die Tylenol-Kapseln gespritzt worden. Johnson & Johnson übernahm durch ihr Handeln sofort die volle Verantwortung, die sich für sie als Hersteller und Vertreiber dieses Produktes ergab, obschon sie keine direkte Schuld für die Vergiftung der Kapseln traf.

Später haben Burke und andere Mitarbeiter bestätigt, dass zu Beginn der Krise überhaupt nicht an die Zukunft des Produktes gedacht worden war, sondern lediglich an die Sicherheit der Öffentlichkeit. Dies scheint auch die Tatsache zu unterstreichen, dass Burke ursprünglich von allem Anfang an alle Extra-Strength Tylenol-Produkte zurückrufen wollte, dass aber das FBI (Federal Bureau of Investigation) und die FDA (Food and Drug Administration) ihm davon abrieten, eine solche voreilige Massnahme zu veranlassen. Sie befürchteten nämlich, dass mehr Schaden als Nutzen angerichtet worden wäre, weil dadurch die Öffentlichkeit noch mehr beunruhigt gewesen wäre.

Diese verantwortungsvolle Haltung kommt unter anderem auch in folgenden Massnahmen zum Ausdruck:

- Unmittelbar nach Bekanntwerden der Todesfälle wurden über 250 000 Fläschchen mit Extra-Strength Tylenol zurückgerufen, welche in den gleichen Serien wie die vergifteten produziert worden waren. Dies, obschon Tests zeigten, dass das Zyanid mit sehr grosser Wahrscheinlichkeit nicht während des Produktionsprozesses beigefügt worden war. Kurz nach diesem Rückruf wurde in Kalifornien ein Mann beinahe durch ein mit Strychnin versetztes Tylenol getötet. Obschon dieser Fall offensichtlich nicht mit demjenigen in Chicago zusammenhing, beschloss die Firma, sämtliche Tylenol-Produkte (Regular *und* Extra-Strength) zurückzuziehen.

- Die Firma zog in Betracht, den gesamten Lagerbestand an Extra-Strength Tylenol (31 Millionen Fläschchen mit einem Detailhandelswert von über 100 Millionen Dollar) zu vernichten.

- In der Nähe von Chicago wurde ein Laboratorium mit 30 Chemikern eingerichtet, um den Behörden bei der Analyse der eingesammelten Medikamente zu helfen.

- Die beiden Produktionsstätten, in denen man Tylenol-Kapseln hergestellt hatte, wurden stillgelegt.

- 500 Verkäufer wurden freigestellt, um den Rückruf und die Rücknahme von Tylenol-Produkten zu unterstützen.

- Das Management scheute keine **Kosten,** um die Sicherheit zu garantieren und das Vertrauen der Kunden und der Öffentlichkeit zurückzugewinnen.
    - Die gesamten **messbaren Kosten,** welche unmittelbar mit den Massnahmen zur Überwindung der Krise und zur Erhaltung der Glaubwürdigkeit zusammenhingen, wurden auf etwa 150 Millionen Dollar geschätzt. Allein die Kommunikationsaufwendungen wurden auf etwa 100 Millionen Dollar beziffert, während die üblichen Kommunikationsaufwendungen zu dieser Zeit etwa bei 20 Millionen Dollar pro Jahr lagen.

- Dazu kam, dass die Kosten für die **neue Verpackung** höher als diejenige für die alte waren. Diese Kosten konnte und wollte man nicht auf den Produktpreis überwälzen, so dass damit die Gewinnmarge auch für die Zukunft verkleinert wurde.
- Daneben müssen aber auch noch die nicht **messbaren Kosten** berücksichtigt werden, die nur schwer geschätzt werden können. Es sind dies vor allem die vielen Stunden von Topmanagern, die während dieser Zeit nicht ihrer eigentlichen Arbeit nachgehen konnten sowie die Auswirkungen der daraus resultierenden Delegationen.
- Im 3. Quartal musste aufgrund der geschilderten Massnahmen eine **ausserordentliche Abschreibung** von ungefähr 50 Millionen Dollar vorgenommen werden, und im 4. Quartal lag der Gewinn um mehr als 25 Millionen Dollar tiefer als in der Vorjahresperiode.
- Auf den **Aktienkurs** hatten alle diese Ereignisse und Zahlen aber nur geringe Auswirkungen. Zwar fiel der Aktienpreis zu Beginn der Krise von rund 46 auf etwa 39 Dollar, er konnte sich aber bald wieder bei einem Wert um 45 Dollar stabilisieren.

4.3.1.5 Resultate

Für Johnson & Johnson wäre es natürlich von grosser Bedeutung gewesen, wenn der oder die Schuldigen hätten ausgemacht werden können. Bei einer grossangelegten Untersuchung über mehrere Wochen, in denen über acht Millionen Kapseln analysiert worden waren, kamen 75 weitere mit Zyanid versetzte Kapseln zum Vorschein. Die brennendste Frage war natürlich, ob das Gift während des Produktionsprozesses, der Distribution oder im Verkaufsladen beigemischt worden war. Obschon 100 000 Dollar Belohnung ausgesetzt und einige Verdächtige festgenommen worden waren, konnte keine eindeutige Antwort gefunden werden. Bemerkenswert ist in diesem Zusammenhang das Resultat einer Umfrage, in welcher ein grosser Teil der Öffentlichkeit glaubte, dass Johnson & Johnson nicht dafür verantwortlich gemacht werden durfte.

Interessant ist auch zu untersuchen, wie sich die unmittelbaren Konkurrenten von Johnson & Johnson – als eine Gruppe von **Anspruchspartnern** – verhalten haben. Viele behaupteten, dass sie die unglücklichen Umstände der Firma Johnson & Johnson nicht ausnützen wollten, doch die Wirklichkeit spricht eine andere Sprache. Beispielsweise versuchten einige, die durch den vorübergehenden Rückzug von Tylenol freistehenden Verkaufsregale mit eigenen Produkten zu füllen und Tylenol zu verdrängen. Eine Firma gab während der ersten Woche der Krise Zeitungs-Coupons für ihre Produkte heraus, die nicht wie üblich im Teil «Lebensmittelangebote» plaziert waren, sondern auf jener Seite, auf der die letzten Nachrichten (auch über Johnson & Johnson!) zu finden waren.

Johnson & Johnson hat diese Überraschungskrise mit hohem Aufwand und grossem Engagement gemeistert, denn sie hat ihre Glaubwürdigkeit bewahren können. Dies zeigte auch eine Umfrage drei Monate nach den tragischen Vorfällen. 93 Prozent der Öffentlichkeit glaubten, dass Johnson & Johnson ihre Verantwortung entweder sehr gut oder gut wahrgenommen habe. Ebenso schenkten die Konsumenten dem Produkt und somit der Firma das Vertrauen zurück. Bereits Ende 1982 hatte Tylenol wieder den ersten Platz inne mit einem Marktanteil von 29 Prozent, den es bis Mitte 1983 auf rund 33 Prozent ausbaute.

Ein wesentlicher, wenn nicht der wesentlichste Grund für die erfolgreiche Problemlösung lag nach Burke im **Ethikkodex**, an den sich Johnson & Johnson über Jahre gehalten hatte. Dieser liess dem Management keine andere Alternative offen, wie es sich in der Tylenol-Tragödie hätte verhalten können, obschon der eingeschlagene Weg viel Mut – unternehmerischen Mut! – verlangte. (Man hätte beispielsweise auch das Medikament einfach aus dem Markt zurückziehen und unter einem anderen Namen anbieten können.) Gerade in einer Situation, in der das Management unter grossem Zeitdruck sowohl komplizierte als auch weitreichende Entscheidungen fällen muss und nicht auf frühere Erfahrungen zurückgreifen kann, ist es besonders wichtig, dass sich die Entscheidungsträger auf klare ethische Grundsätze abstützen können.

4.3.2	**Tylenol-Krise 1986**
4.3.2.1	Ausgangslage

Zu Beginn des Jahres 1986 erreichte Tylenol wieder einen Marktanteil von 35 Prozent eines Gesamtmarktes in der Höhe von 1.5 Milliarden Dollar. Dies ergab für Johnson & Johnson einen Umsatz von rund einer halben Milliarde Dollar. Extra-Strength Tylenol, welches in den Vergiftungsskandal von 1982 verwickelt war, erzielte etwa einen Drittel dieses Umsatzes. Tylenol war zugleich das gewinnbringendste Einzelprodukt von Johnson & Johnson. Damit war es der Firma gelungen, Tylenol wieder zu einem Marktleader zu machen.

Am 10. Februar 1986 erfuhr Johnson & Johnson, dass eine junge Frau in Westchester County, New York, nach Einnahme von Extra-Strength Tylenol-Kapseln an einer Zyanid-Vergiftung gestorben war. Die eingenommenen Kapseln stammten von einer neuen Packung; die restlichen Kapseln, die man bei der Frau fand, enthielten ebenfalls Zyanid.

Zuerst glaubte die Firma, dass es sich lediglich um einen Einzelfall handelte. Doch diese Hypothese erwies sich zum Schrecken des Managements als falsch, als am 13. Februar in der gleichen Gegend, in welcher die erste Flasche mit vergifteten Kapseln gefunden worden war, ein zweiter Behälter mit vergifteten Kapseln entdeckt wurde. Diese Kapseln zeigten deutliche Zeichen, dass an ihnen manipuliert worden war, obschon die Versiegelungen intakt schienen. Dies deutete vorerst darauf hin, dass sie während des Produktionsprozesses mit Gift versehen worden waren. Allerdings ergaben genauere Abklärungen, dass die beiden Behälter an unterschiedlichen Orten zu verschiedenen Zeiten produziert worden waren. Und nachdem die Versiegelungen angebracht worden waren, lagerten die beiden Fläschchen zwar in den gleichen Lagerräumlichkeiten, aber zu verschiedenen Zeiten. Man fand auch relativ rasch heraus, dass das Zyanid in beiden Flaschen von der gleichen Quelle stammen musste, sich aber von jenem von 1982 deutlich unterschied.

Diese Meldungen trafen die Firma nach ihren enormen Anstrengungen von 1982 für eine sichere Verpackung besonders hart. Nicht nur sie, sondern auch die Öffentlichkeit fragte sich, wie dies passieren konnte, nachdem man eine dreifach versiegelte Packung entwickelt hatte. Die **Glaubwürdigkeit** wurde damit nochmals, vielleicht sogar noch stärker als 1982, in Frage gestellt. Immerhin hatte die Firma Johnson & Johnson aufgrund der Vorfälle von 1982 genügend Erfahrungen gesammelt, um dieser erneuten Herausforderung ebenso erfolgreich zu begegnen. Auch wenn das Vorgehen bei der Bewältigung dieser Krise ähnlich war, ergaben sich doch einige wesentliche Unterschiede, allein schon wegen der Tatsache, dass es zum zweiten Mal passiert war.

Burke rief sofort ein aus sechs Leuten bestehendes **Krisenmanagement-Team** ins Leben. Es enthielt je zwei Topmanager von Johnson & Johnson und McNeil Consumer Products sowie den allgemeinen Berater der Firma und den Vizepräsidenten für Public Relations. Die wichtigsten Massnahmen dieses Komitees im Rahmen einer **Glaubwürdigkeitsstrategie** sollen kurz zusammengefasst werden.

4.3.2.2 Kommunikatives Handeln

Wiederum wurden sofort alle geplanten Werbemassnahmen abgesagt. Man versuchte, die Öffentlichkeit nicht nur so gut als möglich zu informieren, sondern auch – im Sinne eines Dialoges – zu erfahren, was ihre Meinung war und wie sie die Glaubwürdigkeit der Firma beurteilte.

- Die **Medien** wurden sofort eingeschaltet und umfassend orientiert. Neben drei Pressekonferenzen innert einer Woche wurden auch die erhältlichen Informationen immer auf dem neuesten Stand gehalten. Dadurch konnte eine breite Öffentlichkeit ständig auf dem laufenden gehalten werden. Dies mag auch einen Hinweis abgeben, dass es möglich ist, mit der Presse so zu kommunizieren, dass nicht nur Sensationsnachrichten entstehen, sondern echte Informationen vermittelt werden.[1] Diese Tatsache hat Burke zu folgender Bemerkung veranlasst:[2]

> «In addition, the media performed a critical role in telling the public what it needed to know in order to provide for its own protection. In the vast majority of instances, this was accomplished in a timely and accurate fashion. Within the first week following the Westchester incidents, polling revealed nearly 100% of consumers in the New York area were aware of the problem. I believe this is an example of how a responsible press can serve the public well-being.»

- Für **Konsumenten** und **Händler** wurde eine gebührenfreie Telephonnummer eingerichtet, welche die letzten Nachrichten enthielt und Ratschläge erteilte.
- Mit den **staatlichen Organisationen** FDA (Food and Drug Administration) und FBI (Federal Bureau of Investigation) wurde sofort Kontakt aufgenommen und die volle Unterstützung bei den bevorstehenden Untersuchungen angeboten.
- Ein unabhängiges **Marktforschungsinstitut** wurde sofort beauftragt, die Öffentlichkeit bezüglich Bewusstheit des Ausmasses der Problematik einerseits und der Einstellung gegenüber dem Produkt andererseits zu befragen. Dabei stellte sich beispielsweise heraus, dass 36 Prozent der Öffentlichkeit glaubte, dass die Manipulation an den vergifteten Kapseln innerhalb der Unternehmung vorgenommen worden war, im Gegensatz zu 1982, als die grosse Mehrheit überzeugt war, dass ein Aussenstehender dafür verantwortlich war.

4.3.2.3 Verantwortliches Handeln

Die Firma war sich der Tragik dieser Ereignisse bewusst und übernahm wiederum die volle Verantwortung. Sie versuchte, die Sicherheit der Öffentlichkeit unter allen Umständen zu garantieren:

- Das Krisenmanagement-Team beschloss, die Produktion von Tylenol-Kapseln unverzüglich **einzustellen,** nachdem das zweite Fläschchen mit vergifteten Kapseln entdeckt worden war.

---

1 Dass diese Kommunikation nicht immer gelingt, zeigt das Beispiel der Firma Gerber Foods. Diese wurde wie Johnson & Johnson zweimal von einer verbrecherischen Manipulation ihrer Produkte betroffen. Nachdem sie 1984 freiwillig über eine halbe Million Flaschen mit Fruchtsaft zurückgenommen hatte, verzichtete sie 1986 auf ähnliche Massnahmen: «When we tried to quiet the press with an unjustified recall (in 1984), it didn't work. So why should we do it again? It's our decision not to keep this media event going. We have found no reason to suspect our product. I suppose we could get on television and make that statement every day. But generally, the sensational gets covered, and the unsensational does not.» (zitiert nach Frederick/Davis/Post 1988, S. 500)

2 Aus einem Vortrag von James E. Burke vor dem «U.S. Senate Committee on Labor and Human Resources» am 28. Februar 1986.

- Unmittelbar nach Entdecken der zweiten vergifteten Flasche wurden die **Konsumenten** aufgefordert, keine Kapseln mehr einzunehmen. Bereits gekaufte Kapseln konnten gegen Vergütung des Verkaufspreises zurückgegeben oder gegen Tylenol-Tabletten oder kapselförmige Tabletten (Dragées) eingetauscht werden. Etwa 200 000 Verbraucher machten von diesem Angebot Gebrauch.
- **Grosshändler** und **Detailhändler** wurden ebenfalls aufgefordert, die Produkte aus den Gestellen zu nehmen.
- Der schwierigste Entscheid betraf aber die Frage, ob die Produktion und der Verkauf dieser Kapseln vollständig aufgegeben werden sollte oder nicht. Auf der einen Seite zeigte eine Umfrage, dass knapp über 50 Prozent der Konsumenten wollten, dass die Firma diese Kapseln weiterhin produzierte. Auch die Befürchtungen über einen grossen finanziellen Schaden schienen gross gewesen zu sein. Auf der anderen Seite war die Erkenntnis, dass es offenbar nicht möglich ist, eine solche Verpackung zu entwickeln, die sicher vor Fälschungen sein wird. Auch war Burke der Meinung, dass es sich die Firma nicht leisten könnte, in eine dritte Affäre verwickelt zu werden; dies würde die Glaubwürdigkeit der Firma schwer, wenn nicht endgültig in Frage stellen. Das Management entschloss sich deshalb schliesslich am 16. Februar, die Verwendung von Kapseln für **alle** sogenannten o-t-c (over the counter) Produkte einzustellen.

4.3.2.4 Innovatives Handeln

Offenbar war es der Firma im Jahre 1982 nicht gelungen, eine Verpackung herzustellen, die vor Fälschungen sicher war. Allerdings hatte Johnson & Johnson bereits 1984 eine Alternative in Form von kapselförmigen Tabletten (Dragées) entwickelt, die vom medizinischen Standpunkt aus genauso wirksam waren wie die bereits eingeführten Kapseln und Tabletten, aber besser geschützt waren vor verbrecherischen Manipulationen. Marktuntersuchungen zeigten jedoch, dass viele Konsumenten die Kapseln vorzogen. Einige glaubten nämlich, dass Kapseln leichter zu schlucken wären, andere wiederum, dass Kapseln eine grössere Wirkung zur Linderung der Schmerzen hätten. Letztere Tatsache ist für den Heilungsprozess nicht unwesentlich, kann doch durch diese Überzeugung tatsächlich ein besserer Heilungseffekt eintreten (sogenannter Placebo-Effekt). Aus diesen Gründen entschied sich die Firma, bis auf weiteres die Kapseln auf dem Markt zu belassen. Mit entsprechenden Marketing-Massnahmen gelang es dann aber, den Konsumenten aufzuklären und zu überzeugen, dass die kapselförmigen Tabletten die gleiche Wirkung hätten und leicht einzunehmen seien, da diese eine ähnlich ovale Form wie Kapseln aufwiesen, sogar noch kleiner als diese seien und wegen einer extrem schluckfreundlichen Umhüllung leicht zu schlucken seien.

| **4.3.2.5** | Resultate |

Die finanziellen Auswirkungen dieser Ereignisse und der darauffolgenden Massnahmen waren wiederum beträchtlich. Die Verkäufe in Tylenol-Produkten sanken unmittelbar nach Bekanntwerden des tragischen Unglücksfalls stark, aber bis Mitte April konnten rund 40 Prozent dieses Verkaufsrückgangs wieder gutgemacht werden. Im August 1986 hatte Tylenol sogar bereits wieder 90 Prozent des früheren Marktanteils zurückgewonnen. Die gesamten Kosten für die Firma wurden auf etwa 150 Millionen Dollar geschätzt.

Ein Grund für den nicht unbedingt erwarteten Erfolg war die Erhältlichkeit von kapselförmigen Tabletten als eine echte Alternative zu den Kapseln, welche seit 1984 auf dem Markte erhältlich waren und bereits vor dem Unglücksfall beinahe einen Viertel vom Umsatz aller Tylenol-Produkte ausmachten. Sobald die Kapseln endgültig aus dem Markt zurückgezogen worden waren, wurde ein «Crash-Programm» aufgestellt, um die Produktion dieser kapselförmigen Tabletten zu erhöhen. 20 Millionen Dollar wurden für neue Anlagen ausgegeben, alte mussten stillgelegt werden. Kein Mitarbeiter von McNeil musste aber deshalb beurlaubt oder entlassen werden. Ärzte und Spitäler empfahlen ihren Patienten weiterhin Tylenol-Produkte. Auch die Händler konnten in grosser Mehrzahl überzeugt werden, ihre Gestelle weiterhin für Tylenol-Produkte zu reservieren.

Damit gelang es Johnson & Johnson erneut, die **Glaubwürdigkeit** bei ihren Anspruchsgruppen zu bewahren, nicht zuletzt auch gegenüber ihren Aktionären. Diese mussten zwar kurzfristig eine Einbusse wegen des Rückganges des Aktienkurses in Kauf nehmen, doch wurde dieser Verlust bald wieder wettgemacht.

Literaturverzeichnis

A
Achleitner, P.M. (1985): Sozio-politische Strategien multinationaler Unternehmungen. Ein Ansatz gezielten Umweltmanagements. Bern/Stuttgart 1985.
Ackerman, R.W. (1973): How Companies Respond to Social Demands. In: Harvard Business Review, July–August 1973, S. 88ff.
Albach, H. (1992): Unternehmensethik: Konzepte – Grenzen – Perspektiven. Wiesbaden 1992.
Anderson, J.W. (1986): Social Responsibility and the Corporation. In: Business Horizons, July–August 1986, S. 22ff.
Anderson, J.W. (1987): Can Social Responsibility be Handled as a Corporate Investment? In: Business Horizons, March–April 1987, S. 24f.
Apitz, K. (1987): Konflikte, Krisen, Katastrophen. Frankfurt a/M 1987.
Arthur, H.B. (1984): Making Business Ethics Useful. In: Strategic Management Journal, 4/1984, S. 319ff.

B
Banner, D.K./Cooke, R.A. (1984): Ethical Dilemmas in Performance Appraisal. In: Journal of Business Ethics, 4/1984, S. 327ff.
Barnard, Ch.I. (1938): The Functions of the Executive. Cambridge, Mass. 1938.
Baudenbacher, C. (1985): Funktionszuwachs des Staates als wirtschaftsrechtliches Problem. In: Schweizerische Aktiengesellschaft, 2/1985, S. 57ff.
Bauer, R.A./Fenn, D.H. (1973): What *Is* a Corporate Social Audit? In: Harvard Business Review, January–February 1973, S. 37ff.
Baumhart, R.C. (1961): How Ethical Are Businessmen? In: Harvard Business Review, July–August 1961, S. 6ff.
Baumhart, R.C. (1968): An Honest Profit. What Businessmen Say about Ethics in Business. New York/Chicago/San Francisco 1968.
Baur, L. (1988): Wie sieht der Kunde das Unternehmen? Eine Methode, die Stärken und Schwächen zu ermitteln. In: io Management-Zeitschrift, 5/1988, S. 236ff.

Bayer, H. (1985) (Hrsg.): Unternehmensführung und Führungsethik. Heidelberg 1985.

Belak, J./Mugler, J./Kajzer, St./Senjur, M./Thommen, J.-P./Hungenberg, H./Lokar, A. (1994) (Hrsg.): Unternehmertum im Übergangsprozess. Mit Fallbeispielen aus Slowenien. Journal für Betriebswirtschaft, Schriftenreihe, Nr. 9, Wien 1994.

Belz, Ch. (1986) (Hrsg.): Realisierung des Marketing. Marketing in unterschiedlichen Situationen von Märkten und Unternehmen. Band 1 und 2. Savosa/St. Gallen 1986.

Beriger, P. (1986): Quality Circles und Kreativität. Das Quality Circle-Konzept im Rahmen der Kreativitätsförderung in der Unternehmung. Bern/Stuttgart 1986.

Berth, R. (1988): 73mal Innovation. In: Harvardmanager, 1/1988, S. 92ff.

Biervert, B./Held, M. (1987) (Hrsg.): Ökonomische Theorie und Ethik. Frankfurt/New York 1987.

Bird, F./Waters, J.A. (1987): The Nature of Managerial Moral Standards. In: Journal of Business Ethics, 1/1987, S. 1ff.

Bivins, Th.H. (1987): Applying Ethical Theory to Public Relations. In: Journal of Business Ethics, 3/1987, S. 195ff.

Bleicher, K. (1983): Organisationskulturen und Führungsphilosophien im Wettbewerb. In: Zeitschrift für betriebswirtschaftliche Forschung, 2/1983, S. 135ff.

Bleicher, K. (1986a): Zum Zeitlichen in Unternehmungskulturen. In: Die Unternehmung, 4/1986, S. 259ff.

Bleicher, K. (1986b): Strukturen und Kulturen der Organisation im Umbruch: Herausforderung für den Organisator. In: Zeitschrift Führung und Organisation, 2/1986, S. 97ff.

Bleicher, K./Leberl, D./Paul, H. (1989): Unternehmungsverfassung und Spitzenorganisation. Führung und Überwachung von Aktiengesellschaften im internationalen Vergleich. Wiesbaden 1989.

Bohr, K./Drukarczyk, J./Drumm, H.-J./Scherrer, G. (1981) (Hrsg.): Unternehmungsverfassung als Problem der Betriebswirtschaftslehre. Berlin 1981.

Bok, D. (1988): The President's Report 1986–87 Harvard University. Harvard 1988.

Bowman, J.S. (1977): Business and the Environment: Corporate Attitudes, Actions in Energy-Rich States. In: MSU Business Topics, Winter 1977, S. 37ff.

Brauchlin, E. (1985): Die Rolle der Unternehmungen in der Gesellschaft. In: Probst/Siegwart 1985, S. 419ff.

Brenner, S.N./Molander, E.A. (1977): Is the Ethics of Business Changing? In: Harvard Business Review, January–February 1977, S. 57ff.

Bretscher, H./Eigenmann, G./Plattner, E. (1978): Die Umweltschutzgesetzgebung: Eine Herausforderung für die Chemische Industrie. In: Chimia, 5/1978, S. 173ff.

Brown, M.A. (1987): Is Ethics Good Business? In: Personnel Administrator, February 1987, S. 67ff.

Brummer, J.J. (1983): In Defense of Social Responsibility. In: Journal of Business Ethics, 2/1983, S. 111ff.

Bungard, W. (1988): Arbeitsplatzorientiertes Lernen durch Qualitätszirkel. In: Meyer-Dohm/Tuchtfeldt/Wesner 1988, S. 311ff.

Butcher, Ch. (1985): Unethical Behavior Must Be Understood. In: Frost/Moore/Louis/Lundberg/Martin 1985, S. 271ff.

C

Cadbury, A. (1988): Moralisch handeln – aber wie? In: Harvardmanager, 2/1988, S. 122ff.

Camenisch, P.F. (1987): Profit: Some Moral Reflections. In: Journal of Business Ethics, 3/1987, S. 225ff.

Carr, A.Z. (1970): Can an Executive Afford a Conscience? In: Harvard Business Review, July–August 1970, S. 58ff.

Carroll, A.B. (1979): A Three-Dimensional Conceptual Model of Corporate Performance. In: Academy of Management Review, 4/1979, S. 497ff.

Literaturverzeichnis 131

Carroll, A.B. (1981): Business and Society. Managing Corporate Social Performance. Boston/Toronto 1981).
Carroll, A.B. (1989): Business and Society. Ethics and Stakeholder Management. Cincinnati, Ohio 1989.
Center for Business Ethics (1986): Are Corporations Institutionalizing Ethics? In: Journal of Business Ethics, 1/1986, S. 85 ff.
Chmielewicz, K. (1984): Aktuelle Probleme der Unternehmungsverfassung aus betriebswirtschaftlicher Sicht. In: Die Betriebswirtschaft, 1/1984, S. 11 ff.

D

Davis, K./Blomstrom, R. (1975): Business and Society: Environment and Responsibility. 3rd ed., New York 1975.
Deal, T.E./Kennedy, A.Z. (1982): Corporate Cultures. The Rites and Rituals of Corporate Life. Reading, Mass. 1982.
Deetz, St. (1985): Ethical Considerations in Cultural Research. In: Frost/Moore/Louis/Lundberg/Martin 1985, S. 253 ff.
De George, R.T. (1986a): Business Ethics. 2nd ed., New York 1986.
De George, R.T. (1986b): GM and Corporate Responsibility. In: Journal of Business Ethics, 3/1986, S. 177 ff.
Demuth, A. (1987): Das Management der Umweltbeziehungen ist keine Glaubensfrage. In: gdi impuls, 3/1987, S. 11 ff.
deVries, P. (1986): The Discovery of Excellence: The Assets of Exemplars in Business Ethics. In: Journal of Business Ethics, 3/1986, S. 193 ff.
Dickie, R.B./Rouner, L.S. (1986) (Eds.): Corporations and the Common Good. Notre Dame, Ind. 1986.
Dierkes, M. (1988a): Unternehmenskultur, Leitbilder und Führung. Versuch einer bewertenden Zusammenfassung der bisherigen Forschung. In: Meyer-Dohm/Tuchtfeldt/Wesner 1988, S. 19 ff.
Dierkes, M. (1988b): Unternehmenskultur und Unternehmensführung. Konzeptionelle Ansätze und gesicherte Erkenntnisse. In: Zeitschrift für Betriebswirtschaft, 5–6/1988, S. 554 ff.
Dlugos, G. (1974): Unternehmungspolitik als betriebswirtschaftlich-politologische Teildisziplin. In: Wild 1974, S. 39 ff.
Dlugos, G. (1979) (Hrsg.): Unternehmungsbezogene Konfliktforschung. Stuttgart 1979.
Dorow, W. (1978): Unternehmungskonflikte als Gegenstand unternehmungspolitischer Forschung. Berlin 1978.
Drake, B.H./Drake, E. (1988): Ethical and Legal Aspects of Managing Corporate Cultures. In: California Management Review, Winter 1988, S. 107 ff.
Dülfer, E. (1988) (Hrsg.): Organisationskultur. Phänomen – Philosophie – Technologie. Stuttgart 1988.
Dunnette, M. (1976) (Ed.): Handbook of Industrial and Organizational Psychology. Chicago 1976.
Dyllick, Th. (1988): Erfolgreiche Positionierung mit ökologischer Verpackung. Toni-Joghurt im Zirkulationsglas. In: Thexis, 3/1988, S. 51 ff.
Dyllick, Th. (1989): Management der Umweltbeziehungen. Öffentliche Auseinandersetzungen als Herausforderung. Wiesbaden 1989.

E

Eigenmann, G. (1975): Produkte-Ökologie – Umweltgerechte Produkte. In: Ciba-Geigy-Magazin, 3+4/1975.
Enderle, G. (1987): Wirtschaftsethik als «angewandte Ethik». In: Wirtschaft und Recht, 2/1987, S. 114 ff.
Enderle, G. (1988a): Führung im Unternehmen. In: Technische Rundschau, 12/1988, S. 8 ff.
Enderle, G. (1988b): Wirtschaftsethik im Werden. Ansätze und Problembereich der Wirtschaftsethik. Stuttgart 1988.

Enderle, G. (1993): Handlungsorientierte Wirtschaftsethik: Grundlagen und Anwendungen. Bern u.a. 1993.

Epstein, E.M. (1987): The Coporate Social Policy Process: Beyond Business Ethics, Corporate Social Responsibility, and Corporate Social Responsiveness. In: California Management Review, Fall 1987, S. 99ff.

F

Fadiman, J.A. (1987): Korruption in der Dritten Welt. In: Harvardmanager, 1/1987, S. 104ff.

Fasching, D.J. (1981): A Case for Corporate and Management Ethics. In: California Management Review, Winter 1981, S. 62ff.

Feldmann, J.D./Kelsay, J./Brown, H.E. (1986): Responsibility and Moral Reasoning: A Study in Business Ethics. In: Journal of Business Ethics, 2/1986, S. 93ff.

Fink, H. (1986): Crisis Management: Planning for the Inevitable. New York 1986.

Fleming, J.E. (1984): Managing the Corporate Ethical Climate. In: Hoffman/Moore/Fedo 1984, S. 217ff.

Frederick, W.C./Davis, K./Post, J.E. (1988): Business and Society. Corporate Strategy, Public Policy, Ethics. 6th ed., New York u.a. 1988.

Freeman, R.E. (1983): Strategic Management: A Stakeholder Approach. In: Advances in Strategic Management, Vol. 1, S. 31ff.

Freeman, R.E. (1984): Strategic Management. A Stakeholder Approach. London 1984.

Freeman, R.E./Gilbert, D.R. (1988): Corporate Strategy and the Search for Ethics. Englewood Cliffs, N.J. 1988.

Frehner, W.G. (1989): Der Verantwortung bewusst. In: Der Monat (Schweizerischer Bankverein), 3/1989, S. 10.

Frost, J.P./Moore, L.F./Louis, M.R./Lundberg, C.C./Martin, J. (1985) (Eds.): Organizational Culture. Beverly Hills/London/New Dehli 1985.

Fürstenberg, F. (1987): Arbeitswerte im Wandel der Erwerbsgesellschaft. In: Orientierungen zur Wirtschafts- und Gesellschaftspolitik, 3/1987, S. 14ff.

G

Gabele, E./Kretschmer, H. (1985): Unternehmensgrundsätze. Frankfurt a/M 1985.

Gerken, G. (1987): Mehr Rendite durch mehr Ethik. In: Bilanz, 2/1987, S. 146ff.

Goldberg, W. (1977): Herausforderungen in Chancen wandeln – Die Bedeutung von Sozialinnovationen für das Management. In: IBM Nachrichten, Heft 238, 1977, S. 309ff.

Goodpaster, K.E. (1983): The Concept of Corporate Responsibility. In: Journal of Business Ethics, 1/1983, S. 1ff.

Guerrette, R.H. (1986): Environmental Integrity and Corporate Responsibility. In: Journal of Business Ethics, 5/1986, S. 409ff.

Gugelmann, E. (1986): Vertrauensmarketing der Migros. In: Belz 1986, S. 1035ff.

H

Hamilton, S. (1986): PR Ethics, from Publicity to Interaction. In: Public Relations Quarterly, Spring 1986, S. 15ff.

Hanson, K.O. (1984): Institutionalizing Ethics in the Corporation. In: Hoffman/Moore/Fedo 1984, S. 185ff.

Hanson, K.O./Velasquez, M. (1988a): The Boeing Company: Managing Ethics and Values. In: The Business Roundtable 1988a, S. 11ff.

Hanson, K.O./Velasquez, M. (1988b): Hewlett-Packard Company: Managing Ethics and Values. In: The Business Roundtable 1988a, S. 65ff.

Hasenböhler, R./Kiechl, R./Thommen, J.-P. (1994) (Hrsg.): Zukunftsorientierte Management-Ausbildung. Zürich 1994.

Heinen, E. (1987): Unternehmenskultur. Perspektiven für Wissenschaft und Praxis. München/Wien 1987.

Heinen, E./Dill, P. (1986): Unternehmenskultur – Überlegungen aus betriebswirtschaftlicher Sicht. In: Zeitschrift für Betriebswirtschaft, 3/1986, S. 202 ff.

Hennessy, E.L. (1986): Business Ethics. Is It a Priority for Corporate America? In: Financial Executive, September 1986, S. 14 ff.

Hersch, J. (1988): Änderungen in den Wertvorstellungen. Was sind die Folgen für die Gesellschaft? In: io Management-Zeitschrift, 2/1988, S. 58 ff.

Hinterhuber, H.H./Holleis, W. (1988): Gewinner im Verdrängungswettbewerb – Wie man durch Verbindung von Unternehmensstrategie und Unternehmenskultur zu einem führenden Wettbewerber werden kann. In: Journal für Betriebswirtschaft, 1–2/1988, S. 2 ff.

Hodler, M./Ritter, L. (1987): Corporate Monitoring: Ein Frühwarn- und Chancenerkennungssystem. In: io Management-Zeitschrift, 12/1987, S. 566 ff.

Höffe, O. (1986) (Hrsg.): Lexikon der Ethik. 3. neubearb. Aufl., München 1986.

Hoffman, W.M. (1984): Ethics in Business Education: Working Toward a Meaningful Reciprocity. In: Journal of Business Ethics, 4/1984, S. 259 ff.

Hoffman, W.M. (1986): What Is Necessary for Corporate Moral Excellence? In: Journal of Business Ethics, 3/1986, S. 233 ff.

Hoffman, W.M./Frederick, R.F. (1995): Business Ethics: Readings and Cases in Corporate Morality. New York u.a. 1995.

Hoffman, W.M./Moore, J.M./Fedo, D.A. (1984) (Eds.): Corporate Governance and Institutionalizing Ethics. Proceedings of the Fifth National Conference on Business Ethics. Lexington, Mass. 1984.

Hoffmann, F. (1987): Unternehmenskultur in Amerika und Deutschland. In: Harvardmanager, 4/1987, S. 91 ff.

Hoffmann, F. (1989): Unternehmungs- und Führungsgrundsätze. Ergebnisse einer empirischen Untersuchung. In: Zeitschrift für betriebswirtschaftliche Forschung, 3/1989, S. 167 ff.

Hoffmann, F./Rebstock, W. (1989): Unternehmungsethik. Eine Herausforderung an die Unternehmung. In: Zeitschrift für Betriebswirtschaft, 6/1989, S. 667 ff.

Holliger, E. (1986): Konsumentenschutz als Herausforderung für das Migros-Marketing. In: Belz 1986, S. 99 ff.

Homann, K./Blome-Drees, F. (1992): Wirtschafts- und Unternehmungsethik. Göttingen 1992.

Hosmer, L.T. (1985): The Other 338: Why a Majority of Our Schools of Business Administration Do Not Offer a Course in Business Ethics. In: Journal of Business Ethics, 1/1985, S. 17 ff.

Hosmer, L.T. (1987): The Institutionalization of Unethical Behavior. In: Journal of Business Ethics, 6/1987, S. 439 ff.

Hoyos, C./Kroeber-Riel, W./Rosenstiel, L. von/Strümpel, B. (1980) (Hrsg.): Grundbegriffe der Wirtschaftspsychologie. Gesamtwirtschaft – Markt – Organisation – Arbeit. München 1980.

Hunziker, R. (1980): Die soziale Verantwortung der Unternehmung. Auseinandersetzung mit einem Schlagwort. Bern/Stuttgart 1980.

I

Isabella, L.A. (1986): Culture, Key Events, and Corporate Social Responsibility. In: Post/Preston 1986, S. 175 ff.

J

Jackall, R. (1988): Moral Mazes. The World of Corporate Managers. New York/Oxford 1988.

Jensen, J.V. (1987): Ethical Tension Points in Whistleblowing. In: Journal of Business Ethics, 4/1987, S. 321 ff.

Johnson, E.W. (1986): General Motors Corporation, Its Constituencies and the Public Interest. In: Journal of Business Ethics, 3/1986, S. 173 ff.

Jöhr, W.A. (1985): Werte und Verantwortung des Managementwissenschafters. In: Probst/Siegwart 1985, S. 583 ff.

Jonas, H. (1984): Das Prinzip Verantwortung. Versuch einer Ethik für die technologische Zivilisation. Frankfurt a/M 1984.
Jones, M.O. (1985): Is Ethics the Issue? In: Frost/Moore/Louis/Lundberg/Martin 1985, S. 235 ff.
Jönnson, B. (1982): The Quality of Work Life – the Volvo Experience. In: Journal of Business Ethics, 2/1982, S. 119 ff.

K

Kanter, R.M. (1983): The Change Masters. Innovation and Entrepreneurship in the American Corporation. New York 1983.
Kasper, H. (1986): Zum Management von Unternehmenskulturen. In: Management Forum, Band 6, 1986, S. 267 ff.
Kasper, H. (1987a): Organisationskultur. Über den Stand der Forschung. Wien 1987.
Kasper, H. (1987b): Organisationskultur: Grundzüge der Kulturperspektive von Organisationen. In: Das Wirtschaftsstudium (WISU), 8–9/1987, S. 441 ff.
Kiefer, H.J. (1985): Grundwerte-orientierte Unternehmenspolitik und ethisches Vorbild der Führungskräfte. In: Bayer 1985, S. 59 ff.
Kieser, A. (1984): Innovation und Organisationskultur. In: gdi impuls, 4/1984, S. 3 ff.
Kieser, A. (1985): Werte und Mythen in der strategischen Planung. In: Das Wirtschaftsstudium (WISU), 8–9/1985, S. 427 ff.
Kieser, A./Reber, G./Wunderer, R. (1987) (Hrsg.): Handwörterbuch der Führung. Stuttgart 1987.
Kilmann, R.H./Saxton, M.J./Serpa, R. (1986): Issues in Understanding and Changing Culture. In: California Management Review, Winter 1986, S. 87 ff.
Kilpatrick, J.A. (1985): Corporate Response to Social Pressures: A Typology. In: Journal of Business Ethics, 6/1985, S. 493 ff.
King, J.B. (1988): Prisoner's Paradoxes. In: Journal of Business Ethics, 7/1988, S. 475 ff.
Kobi, J.-M./Wüthrich, H.A. (1986): Unternehmungskultur verstehen, erfassen und gestalten. Landsberg/Lech 1986.
Königswieser, R. (1987): Wahrnehmungsfilter. In: gdi impuls, 3/1987, S. 37 ff.
Koslowski, P. (1987): Über die Notwendigkeit von ethischen und zugleich ökonomischen Urteilen. In: Orientierungen zur Wirtschafts- und Gesellschaftspolitik, 3/1987, S. 7 ff.
Kotler, Ph. (1988): Marketing Management. Analysis, Planning, Implementation, and Control. 6th. ed., Englewood Cliffs, N.J. 1988.
Kouzes, J.M./Posner, B.Z. (1993): Credibility: How Leaders Gain and Lose It, Why People Demand It. San Francisco 1993.
Krauer, A. (1987): Auf dem richtigen Weg. In: Ciba-Geigy-Magazin, 3–4/1987, S. 7 ff.
Krauer, A. (1988): Chemie und Öffentlichkeit. In: gdi impuls, 1/1988, S. 3 ff.
Kreikebaum, H. (1987): Strategische Führung. In: Kieser/Reber/Wunderer 1987, Sp. 1898 ff.
Kreikebaum, H. (1988): Kehrtwende zur Zukunft. Neuhausen-Stuttgart 1988.
Krulis-Randa, J.S. (1984): Reflexionen über die Unternehmungskultur. In: Die Unternehmung, 4/1984, S. 358 ff.
Krulis-Randa, J.S. (1986a): Societal Marketing. Dokumentation zur Betriebswirtschaft, hrsg. von der Gesellschaft zur Förderung der schweizerischen Wirtschaft, Zürich, Nr. 16, September 1986.
Krulis-Randa, J.S. (1986b): Das Tao des Marktes – ein Weg zur Marketing-Realisierung. In: Belz 1986, S. 421 ff.
Krulis-Randa, J.S. (1989): Entwicklung einer Unternehmungspolitik und Marketingstrategie in einem ökologisch sensibilisierten Umfeld. In: Lengwiler 1989, S. 45 ff.
Krupinski, G. (1993): Führungsethik für die Wirtschaftspraxis: Grundlagen – Konzepte – Umsetzung. Wiesbaden 1993.
Kuhn, Th.S. (1978): Die Struktur wissenschaftlicher Revolutionen. 3. Aufl., Frankfurt a/M 1978.

L

Laufer, H. (1988): Mitarbeiterengagement durch Vertrauen. Vertrauen kann man nicht anordnen, man muss es erwerben! In: Zeitschrift Führung und Organisation, 3/1988, S. 179ff.

Lengwiler, Ch. (1989) (Hrsg.): Ökologie und Umweltschutz – Unternehmen vor neuen Marktchancen. Grüsch 1989.

Lisowsky, A. (1927): Ethik und Betriebswirtschaftslehre. In: Zeitschrift für Betriebswirtschaft, 1927, S. 253ff., 263ff., 429ff.

Logsdon, J.M./Palmer, D.R. (1988): Issues Management and Ethics. In: Journal of Business Ethics, 3/1988, S. 191ff.

Löhr, A. (1991): Unternehmensethik und Betriebswirtschaftslehre: Untersuchung zur theoretischen Stützung der Unternehmenspraxis. Stuttgart 1991.

Longenecker, J.G. (1985): Management Priorities and Management Ethics. In: Journal of Business Ethics, 1/1985, S. 65ff.

Lorsch, J.W. (1986): Managing Culture: The Invisible Barrier to Strategic Change. In: California Management Review, Winter 1986, S. 95ff.

Loucks, V.R. (1987): A CEO Looks at Ethics. In: Business Horizons, March–April 1987, S. 2ff.

Luthans, F./Hodgetts, R.M./Thompson, K.R. (1987): Social Issues in Business. Strategic and Public Policy Perspectives. 5th ed., New York/London 1987.

Lutz, Ch. (1983): Wendezeit – Schlagwort oder Realität? In: gdi impuls, 4/1983, S. 3ff.

Lutz, Ch. (1985): Management der Veränderung. In: gdi impuls 2/1985, S. 52ff.

Lutz, Ch. (1988): Kommunikation – Die grosse Unbekannte in der Unternehmenspolitik. In: gdi impuls, 1/1988, S. 15ff.

M

Mahari, J.I. (1985): Codes of Conduct für multinationale Unternehmungen. Wilmington, Del. 1985.

McCoy, C.S. (1985): Management of Values. The Ethical Difference in Corporate Policy and Performance. Boston u.a. 1985.

McMahon, Th.F. (1986): Models of the Relationship of the Firm to Society. In: Journal of Business Ethics, 3/1986, S. 181ff.

Meffert, H./Benkenstein, M./Schubert, F. (1987): Umweltschutz und Unternehmensverhalten. In: Harvardmanager, 2/1987, S. 32ff.

Meffert, H./Bruhn, M./Schubert, F./Walter, Th. (1986): Marketing und Ökologie – Chancen und Risiken umweltorientierter Absatzstrategien der Unternehmungen. In: Die Betriebswirtschaft, 2/1986, S. 140ff.

Meissner, G. (1986): Humanisierung des Marketing. Konzepte und ihre Umsetzung in Unternehmen. In: Belz 1986, S. 19ff.

Meyer-Dohm, P./Tuchtfeldt, E./Wesner, E. (1988) (Hrsg.): Der Mensch im Unternehmen. Bern/Stuttgart 1988.

Miles, R.H. (1987): Managing the Corporate Social Environment. Englewood Cliffs, N.J. 1987.

Mitroff, I.I. (1988): Crisis Management: Cutting through the Confusion. In: Sloan Management Review, Winter 1988, S. 15ff.

Mitroff, I.I./Kilmann, R.H. (1984a): Corporate Tragedies. New York 1984.

Mitroff, I.I./Kilmann, R.H. (1984b): Corporate Tragedies: Teaching Companies to Cope with Evil. In: New Management, 1/1984, S. 48ff.

Mohn, R. (1987): Fortschritt durch Humanisierung. In: Innovatio, 9–10/1987, S. 60ff.

Molander, E.A. (1987): A Paradigm for Design, Promulgation and Enforcement of Ethical Codes. In: Journal of Business Ethics, 8/1987, S. 619ff.

Moos, W. von (1988): Wirtschaft – die unbekannte Bekannte. In: Wirtschaftspolitische Mitteilungen, 44. Jg., 9/1988.

Moser, M.R. (1986): A Framework for Analyzing Corporate Social Responsibility. In: Journal of Business Ethics, 1/1986, S. 69ff.

Müller-Jentsch, W. (1993): Profitable Ethik – effiziente Kultur: Neue Sinnstiftungen durch das Management? München 1993.

Müller-Seitz, P. (1988): Führungsgrundsätze als Bestandteil von Unternehmensverfassungen? Pro und Contra. In: Zeitschrift Führung und Organisation, 3/1988, S. 152ff.

Müri, P. (1987): Ab morgen gilt zweidimensionales Führen! In: io Management-Zeitschrift, 12/1987, S. 549ff.

Müri, P. (1988): Das Führungsverständnis der neunziger Jahre wird anders. In: io Management-Zeitschrift, 2/1988, S. 82ff.

Murray, E.A. (1986): Ethics and Corporate Strategy. In: Dickie/Rouner 1986, S. 91ff.

N

Nash, L.L. (1981): Ethics without the Sermon. In: Harvard Business Review, November–December 6/1981, S. 79ff.

Nash, L.L. (1988): Johnson & Johnson's Credo. In: The Business Roundtable 1988a, S. 77ff.

Newton, L.H. (1986): The Internal Morality of the Corporation. In: Journal of Business Ethics, 3/1986, S. 249ff.

Nielsen, R.P. (1987): What Can Managers Do about Unethical Management? In: Journal of Business Ethics, 3/1987, S. 309ff.

Nutzinger, H. (1996) (Hrsg.): Wirtschaftsethische Perspektiven III, Verein für Socialpolitik, Berlin 1996 (in Erscheinung).

O

Oppenrieder, B. (1986): Implementationsprobleme einer Unternehmensethik. Diskussionsbeiträge des Lehrstuhls für Allgemeine Betriebswirtschaftslehre und Unternehmensführung der Universität Erlangen-Nürnberg, Heft 34, Nürnberg 1986.

P

Pasquier-Dorthe, J. (1987): L'identification des critères éthiques dans la gestion des entreprises. In: Die Unternehmung, 6/1987, S. 425ff.

Pastin, M. (1986): The Hard Problems of Management. Gaining the Ethics Edge. San Francisco/London 1986.

Peters, T./Austin, N. (1985): A Passion for Excellence. The Leadership Difference. New York 1985.

Peters, T./Waterman, R.H. (1982): In Search of Excellence. Lessons from America's Best-Run Companies. New York u.a. 1982.

Petschenig, M. (1965): Der kleine Stowasser. Lateinisch-deutsches Schulwörterbuch. München/Wien/Zürich 1965.

Picken, St.D.B. (1987): Values and Value Related Strategies in Japanese Corporate Culture. In: Journal of Business Ethics, 2/1987, S. 137ff.

Picot, A. (1978): Auswirkungen des sozialen Umfeldes auf die Unternehmensführung. In: Potthoff, E. (Hrsg.): RKW-Handbuch, Führungstechnik und Organisation, 1. Band, Düsseldorf 1978, Ziffer 1222.

Posner, B.Z./Randolph, A.W./Wortman, M.S. (1975): A New Ethic for Work? The Work Ethic. In: Human Resources Management, Fall 1975, S. 16ff.

Post, J.E./Preston, L.E. (1986) (Eds.): Research in Corporate Social Performance and Policy. Greenwich, Conn. 1986.

Probst, G.J.B./Siegwart, H. (1985) (Hrsg.): Integriertes Management. Bausteine des systemorientierten Managements. Bern/Stuttgart 1985.

Pümpin, C./Kobi, J.-M./Wüthrich, H.A. (1985): Unternehmenskultur. Basis strategischer Profilierung erfolgreicher Unternehmen. Die Orientierung, Nr. 85, 1985.

Purcell, Th.V. (1975): A Practical Guide to Ethics in Business. In: Business and Society Review, Spring 1975, S. 43ff.

Purcell, Th.V. (1985): Institutionalizing Business Ethics. A Case History. In: Business and Professional Ethics Journal, 2/1985, S. 39 ff.

R

Raelin, J.A. (1987): The Professional as the Executive's Ethical Aide-de-Camp. In: Academy of Management Executive, 3/1987, S. 171 ff.

Raffée, H./Wiedmann, K.-P. (1986): Marketing und Werte. Ergebnisse einer empirischen Untersuchung und Skizze von Marketing-Konsequenzen. In: Belz 1986, S. 1187 ff.

Rebstock, W. (1988): Unternehmungsethik. Spardorf 1988.

Reder, A. (1995): 75 Best Business Practices for Socially Responsible Companies. New York 1995.

Robin, D.P./Reidenbach, R.E. (1987): Social Responsibility, Ethics, and Marketing Strategy: Closing the Gap Between Concept and Application. In: Journal of Marketing, January 1987, S. 44 ff.

Röglin, H.Ch./Grebmer, K. von (1988): Pharma-Industrie und Öffentlichkeit. Ansätze zu einem neuen Kommunikationskonzept. Basel 1988.

Ruh, H. (1985): Arbeitsethos aus sozialethischer Sicht. Ein Entwurf. In: Labor und Medizin, 12/1985, S. 495 ff.

Ruh, H. (1991): Argument Ethik: Orientierung für die Praxis in Ökologie, Medizin, Wirtschaft, Politik. Zürich 1991.

Rühli, E. (1984): Schöpferisches und Zerstörerisches – untrennbare Aspekte der industriellen Tätigkeit. In: Staehelin/Jenny/Geroulanos 1984, S. 81 ff.

Rühli, E. (1985): Unternehmungsführung und Unternehmungspolitik I. 2. Aufl., Bern/Stuttgart 1985.

Rühli, E. (1988a): Unternehmungsführung und Unternehmungspolitik II. 2. Aufl., Bern/Stuttgart 1988.

Rühli, E. (1988b): Das Corporate Culture-Konzept als die Herausforderung für die Führungslehre. In: Wunderer 1988, S. 293 ff.

Rühli, E./Krulis-Randa, J.S. (1990) (Hrsg.): Gesellschaftsbewusste Unternehmungspolitik – «Societal Strategy». Bern/Stuttgart 1990.

S

Sathe, V. (1985): Culture and Related Corporate Realities. Homewood, Ill. 1985.

Scheuch, F. (1987): Corporate Identity. Vom Schlagwort zum Instrument des integralen Marketing. In: Thexis, 4/1987, S. 26 ff.

Schmitz-Dräger, R. (1984): Management und Ethik. In: IBM Nachrichten, Heft 274, 1984, S. 13 ff.

Scholz, Ch. (1988a): Management der Unternehmenskultur. In: Harvardmanager, 1/1988, S. 81 ff.

Scholz, Ch. (1988b): Organisationskultur: Zwischen Schein und Wirklichkeit. In: Zeitschrift für betriebswirtschaftliche Forschung, 3/1988, S. 243 ff.

Schrader, D.E. (1987): The Corporation and Profits. In: Journal of Business Ethics, 8/1987, S. 589 ff.

Schreuder, H. (1978): The Social Responsibility of Business. In: Van Dam/Stallaert 1978, S. 73 ff.

Schreyögg, G. (1988): Kann und darf man Unternehmenskulturen ändern? In: Dülfer 1988, S. 155 ff.

Schreyögg, G. (1989): Zu den problematischen Konsequenzen starker Unternehmenskulturen. In: Zeitschrift für betriebswirtschaftliche Forschung, 2/1989, S. 94 ff.

Schröder, K.T. (1978): Soziale Verantwortung in der Führung der Unternehmung. Berlin 1978.

Schultheiss, J. (1988a): Management der Umweltbeziehungen. In: io Management-Zeitschrift, 1/1988, S. 29 ff.

Schultheiss, J. (1988b): Das «Management der Umweltbeziehungen» in sieben Thesen. In: io Management-Zeitschrift, 5/1988, S. 234 ff.

Serpa, R. (1985): Creating a Candid Corporate Culture. In: Journal of Business Ethics, 5/1985, S. 425 ff.

Sethi, S.P. (1975): Dimensions of Corporate Social Performance: An Analytical Framework. In: California Management Review, 3/1975, S. 58 ff.

Silk, L./Vogel, D. (1976): Ethics and Profits. The Crisis of Confidence in American Business. New York 1976.

Sohn, H.F. (1982): Prevailing Rationales in the Corporate Social Responsibility Debate. In: Journal of Business Ethics, 2/1982, S. 140 ff.
Solomon, R.C./Hanson, K.R. (1985): It's Good Business. New York 1985.
Southwestern Graduate School of Banking (1980): A Study of Corporate Ethical Policy Statements. Dallas, Texas 1980.
Spiegel, Y. (1992): Wirtschaftsethik und Wirtschaftspraxis – ein wachsender Widerspruch? Stuttgart u.a. 1992.
Staehelin, B./Jenny, S./Geroulanos, St. (1984) (Hrsg.): Schöpfung und Zerstörung. Engadiner Kollegium 1983, Schaffhausen 1984.
Staffelbach, B. (1994): Management-Ethik: Ansätze und Konzepte aus betriebswirtschaftlicher Sicht. Bern u.a. 1994.
Steger, U. (1992): Unternehmensethik. Frankfurt/Main/New York 1992.
Steiner, M.P. (1988): Kommunikation mit Herz gesucht! Unsere sozialpolitische Aufgabe für ein Management mit Zukunft. In: io Management-Zeitschrift, 5/1988, S. 230 ff.
Steinmann, H. (1973): Zur Lehre von der «Gesellschaftlichen Verantwortung der Unternehmensführung». Zugleich eine Kritik des Davoser Manifests. In: Wirtschaftswissenschaftliches Studium (WiSt), 10/1973, S. 467 ff.
Steinmann, H./Gerum, E. (1978): Die Unternehmung als Koalition. In: Wirtschaftswissenschaftliches Studium (WiSt), 10/1978, S. 469 ff.
Steinmann, H./Löhr, A. (1987): Unternehmensverfassung und Unternehmensethik. In: Die Unternehmung, 6/1987, S. 451 ff.
Steinmann, H./Löhr, A. (1988): Unternehmensethik – eine «realistische Idee». Versuch einer Begriffsbestimmung anhand eines praktischen Falles. In: Zeitschrift für betriebswirtschaftliche Forschung, 4/1988, S. 299 ff.
Steinmann, H./Löhr, A. (1989) (Hrsg.): Unternehmensethik. Stuttgart 1989.
Steinmann, H./Löhr, A. (1991): Grundlagen der Unternehmungsethik. Stuttgart 1991.
Steuber, K. (1987): Mit Menschen Ziele erreichen. Personalpolitische Elemente, Gedanken und Erfahrungen. 2. Aufl., Basel 1987.
Stitzel, M. (1977): Unternehmerverhalten und Gesellschaftspolitik. Stuttgart 1977.
Stoner, G.H. (1988): Partizipation der Mitarbeiter und die Kurzsichtigkeit der Manager. In: Meyer-Dohm/Tuchtfeldt/Wesner 1988, S. 201 ff.
Stroup, M.A./Neubert, R.L. (1987): The Evolution of Social Responsibility. In: Business Horizons, March–April 1987, S. 22 ff.

T

The Business Roundtable (1988a) (Ed.): Corporate Ethics: A Prime Business Asset. A Report on Policy and Practice in Company Conduct, New York 1988.
The Business Roundtable (1988b): The Challenge Is Being Addressed; The Effort Must Continue. In: The Business Roundtable 1988a, S. 3 ff.
Thom, N. (1986): Innovative Marketing-Manager. Voraussetzungen und Wege zum dauerhaften Erfolg. In: Belz 1986, S. 539 ff.
Thomas, K. (1976): Conflict and Conflict Management. In: Dunnette 1976, S. 889 ff.
Thommen, J.-P. (1984): Gedanken zum Thema Ausbildung und Praxis. In: Schweizerische Zeitschrift für kaufmännisches Bildungswesen, 2/1984, S. 81 ff.
Thommen, J.-P. (1986): Die Lehre der Unternehmungsführung. 2. Aufl., Bern/Stuttgart 1986.
Thommen, J.-P. (1988a): Unternehmungsethik: Neuorientierung der Betriebswirtschaftslehre? In: unizürich, Mitteilungsblatt des Rektorates, 5/1988, S. 8 ff.
Thommen, J.-P. (1988b): Ethik für Manager? In: gdi impuls, 1/1988, S. 43 ff.
Thommen, J.-P. (1988c): Unternehmungsethik: Neurorientierung des Managements. In: Technische Rundschau, 38/1988, S. 10 ff.

Thommen, J.-P. (1990a): Förderung des ethischen Verhaltens in Wirtschaft und Unternehmung. In: Die Unternehmung, 4/1990, S. 303 ff.

Thommen, J.-P. (1990b): Glaubwürdigkeit als Grundlage des strategischen Managements. In: Rühli/Krulis-Randa 1990, S. 121 ff.

Thommen, J.-P. (1992): Beratung und Ethik. In: Zünd/Schulz/Glaus 1992, S. 439 ff.

Thommen, J.-P. (1993a): Glaubwürdigkeitsstrategie als gesellschaftsorientiertes Verhalten. In: Die Unternehmung, 1/1993, S. 99 ff.

Thommen, J.-P. (1993b): Glaubwürdigkeit als unternehmerische Herausforderung. In: io Management-Zeitschrift, 9/1993, S. 41 ff.

Thommen, J.-P. (1994a): Der ethische Manager: Illusion oder Aufgabe der Management-Ausbildung? In: Hasenböhler/Kiechl/Thommen 1994, S. 327 ff.

Thommen, J.-P. (1994b): Die Ethik des Unternehmens in der sozialen Marktwirtschaft. In: Belak/Mugler/Kajzer/Senjur/Thommen/Hungenberg/Lokar 1994, S. 35 ff.

Thommen, J.-P. (1996a): Betriebswirtschaftslehre. Band 1: Unternehmung und Umwelt, Marketing, Material- und Produktionswirtschaft. 4. Aufl., Zürich 1996.

Thommen, J.-P. (1996b): Betriebswirtschaftslehre. Band 2: Rechnungswesen, Finanzierung, Investition. 4. Aufl., Zürich 1996.

Thommen, J.-P. (1996c): Betriebswirtschaftslehre. Band 3: Personal, Organisation, Führung, Spezielle Gebiete des Managements. 4. Aufl., Zürich 1996.

Thommen, J.-P. (1996d): Managementorientierte Betriebswirtschaftslehre. 5. Aufl., Zürich 1996.

Thommen, J.-P. (1996e): Betrachtungen zum Verhältnis zwischen Betriebswirtschaftslehre und Unternehmungsethik. In: Nutzinger 1996.

Toffler, B.L. (1986): Tough Choices. Managers Talk Ethics. New York u.a. 1986.

Treviño, L.K./Nelson, K.A. (1995): Managing Business Ethics: Straight Talk About How to Do It Right. New York u.a. 1995.

U

Ulrich, H. (1987): Unternehmungspolitik. 2. Aufl., Bern/Stuttgart 1987.

Ulrich, H./Probst, G.J.B. (1988): Anleitung zum ganzheitlichen Denken und Handeln. Ein Brevier für Führungskräfte. Bern/Stuttgart 1988.

Ulrich, P. (1977): Die Grossunternehmung als quasi-öffentliche Institution. Eine politische Theorie der Unternehmung. Stuttgart 1977.

Ulrich, P. (1987a): Transformation der ökonomischen Vernunft. 2. Aufl., Bern/Stuttgart 1986.

Ulrich, P. (1987b): Die Weiterentwicklung der ökonomischen Rationalität – zur Grundlegung der Ethik der Unternehmung. In: Biervert/Held 1987, S. 122 ff.

Ulrich, P. (1988): Wirtschaftsethik als Wirtschaftswissenschaft. Standortbestimmung im Verhältnis von Ethik und Ökonomie. Beiträge und Berichte der Forschungsstelle für Wirtschaftsethik an der Hochschule St. Gallen für Wirtschafts-, Rechts- und Sozialwissenschaften, Nr. 23, Oktober 1988.

Ulrich, P. (1989): «Symbolisches Management». Ethisch-kritische Anmerkungen zur gegenwärtigen Diskussion über Unternehmenskultur. Beiträge und Berichte der Forschungsstelle für Wirtschaftsethik an der Hochschule St. Gallen für Wirtschafts-, Rechts- und Sozialwissenschaften, Nr. 30, Juli 1989.

Ulrich, P. (1990a): Ethisch handeln heisst vernünftig handeln. SHZ-Interview mit Prof. Dr. P. Ulrich. In: Schweizerische Handelszeitung, Nr. 5, 1. Februar 1990, S. 11.

Ulrich, P. (1990b) (Hrsg.): Auf der Suche nach einer modernen Wirtschaftsethik. Bern/Stuttgart 1990.

Ulrich, P./Fluri, E. (1986): Management. 4., verb. Aufl., Bern/Stuttgart 1986.

Ulrich, P./Thielemann, U. (1992): Ethik und Erfolg: Unternehmensethische Denkmuster von Führungskräften; eine empirische Studie. Bern/Stuttgart 1992.

V

Van Dam, C./Stallaert, L.M. (1978) (Eds.): Trends in Business Ethics. Implications for Decision Making. Leiden/Boston 1978.

Volk, H. (1988): Das neue Bild vom Vorgesetzten: Lernziel Sozialkompetenz. In: Zeitschrift Führung und Organisation, 3/1988, S. 175 ff.

W

Walton, C. (1967): Corporate Social Responsibility. Belmont, Ca. 1967.

Waters, J.A. (1978): Catch 20.5: Corporate Morality as an Organizational Phenomenon. In: Organizational Dynamics, Spring 1978, S. 3 ff.

Waters, J.A./Bird, F. (1987): The Moral Dimension of Organizational Culture. In: Journal of Business Ethics, 1/1987, S. 15 ff.

Watzlawik, P. (1995): Anleitung zum Unglücklichsein. 43. Aufl., München 1995.

Watzlawik, P. (1996): Wie wirklich ist die Wirklichkeit? 21. Aufl., München 1996.

Watzlawik, P./Beavin, J./Jackson, D.D. (1990): Menschliche Kommunikation: Formen, Störungen, Paradoxien. 8., unveränderte Aufl., Bern u.a. 1991.

Weber, M. (1988): Management heisst: Umweltbeziehungen gestalten. In: io Management-Zeitschrift, 5/1988, S. 215 ff.

Wehrli, H.P. (1981): Marketing – Zürcher Ansatz. Bern/Stuttgart 1981.

Weitzig, J.K. (1979): Gesellschaftsorientierte Unternehmenspolitik und Unternehmensverfassung. Berlin/New York 1979.

Weller, St. (1988): The Effectiveness of Corporate Codes of Ethics. In: Journal of Business Ethics, 5/1988, S. 389 ff.

Wicke, L. (1987): Offensiver betrieblicher Umweltschutz. In: Harvardmanager, 3/1987, S. 74 ff.

Wiedmann, K.-P. (1985): Entwicklungsperspektiven der strategischen Unternehmungsführung und des strategischen Marketing. In: Marketing – Zeitschrift für Forschung und Praxis, 3/1985, S. 149 ff.

Wiedmann, K.-P. (1987): Public Marketing und Corporate Communications. Perspektiven zur Integration der Öffentlichkeitsarbeit in das Konzept des strategischen und gesellschaftsorientierten Marketing. In: Thexis, 4/1987, S. 32 ff.

Wiedmann, K.-P. (1988): Corporate Identity als Unternehmensstrategie. In: Wirtschaftswissenschaftliches Studium (WiSt), 5/1988, S. 236 ff.

Wilbur, J.B. (1982): The Foundations of Corporate Responsibility. In: Journal of Business Ethics, 2/1982, S. 145 ff.

Winter, G. (1987): Das umweltbewusste Unternehmen. Ein Handbuch der Betriebsökologie mit 22 Check-Listen für die Praxis. München 1987.

Witte, E. (1978): Die Verfassung des Unternehmens als Gegenstand betriebswirtschaftlicher Forschung. In: Die Betriebswirtschaft, 3/1978, S. 331 ff.

Wittman, S. (1994): Praxisorientierte Managementethik: Gestaltungsperspektiven für die Unternehmungsführung. Münster/Hamburg 1994.

Wunderer, R. (1983a) (Hrsg.): Führungsgrundsätze in Wirtschaft und öffentlicher Verwaltung. Stuttgart 1983.

Wunderer, R. (1983b): Führungsgrundsätze als Instrument der Unternehmens-/Betriebsverfassung. In: Wunderer 1983a, S. 35 ff.

Wunderer, R. (1988) (Hrsg.): Betriebswirtschaftslehre als Management- und Führungslehre. 2. Aufl., Stuttgart 1988.

Z

Ziegler, A. (1992): Verantwortungssouveränität. Bayreuth 1992.

Zünd, A./Schulz, G./Glaus, B.U. (1992) (Hrsg.): Bewertung, Prüfung und Beratung in Theorie und Praxis, Zürich 1992.

Autorenverzeichnis

A
Achleitner 22, 44
Ackermann 33
Albach 16
Anderson 12–13
Apitz 109
Arthur 15, 80
Austin 109

B
Banner 106
Barnard 84
Baudenbacher 48–50
Bauer 94
Baumhart 82–83
Baur 51
Benkenstein 32, 63
Berh 66
Beriger 66
Berth 64, 67
Bird 114
Bivins 54
Bleicher 52, 86–87
Blome-Drees 16
Blomstrom 13
Bohr 52
Bok 97

Bowman 29
Brauchlin 62
Brenner 82–83
Bretscher 33
Brown, H.E. 13–14, 61
Brown, M.A. 83
Bruhn 33, 65
Brummer 12
Bungard 66
Burke 126
Butcher 89

C
Cadbury 69
Camenisch 48
Carr 20
Carroll 13, 25, 28–31, 33, 48, 92–94
Center for Business Ethics 84
Chmielewicz 52
Cooke 15, 106

D
Davis 13, 109, 126
De George 12, 15, 89, 91
Deal 87
Deetz 89
Demuth 32, 38

deVries 88, 114
Dierkes 86
Dill 86–87
Dlugos 37, 53
Dorow 53
Drake, B.H. 89
Drake, E. 89
Drukarczyk 52
Drumm 52
Dülfer 89
Dyllick 12, 14, 31, 44, 65

E
Eigenmann 33, 58
Enderle 16, 18, 38, 61, 92
Epstein 13, 15, 20, 48

F
Fadiman 66
Fasching 18, 38, 62
Feldmann 13–14, 61
Fenn 94
Fink 30
Fleming 73
Fluri 24, 49
Frederick 16, 109, 126
Freeman 22–23, 25, 28, 31–32
Frehner 18
Fürstenberg 65

G
Gabele 79
Gerken 54
Gerum 52
Gilbert 31–32
Goldberg 64
Goodpaster 13–14, 61
Grebmer 56–59
Grunig 54
Guerette 61
Gugelmann 38

H
Hamilton 54
Hanson 20, 30, 73, 81–82, 101, 106
Heinen 86–87, 90
Hennessy 81
Hersch 65
Hinterhuber 86
Hodgetts 32
Hodler 26, 54
Höffe 60–61

Hoffman 12, 16, 116
Hoffmann 18, 51, 79, 91
Holleis 86
Holliger 51, 65
Homann 16
Hosmer 84, 89
Hoyos 47
Hunt 54
Hunziker 61

I
Isabella 89

J
Jackall 73, 95
Jensen 74
Johnson 19
Jöhr 60
Jonas 18, 61–62
Jones 89
Jönnson 66

K
Kanter 67
Kasper 86, 89
Kelsay 13–14, 61
Kennedy 87
Kiefer 38
Kieser 67–68, 97
Kilmann 44, 86
Kilpatrick 14, 33, 44
King 42
Kobi 86
Königswieser 36
Koslowski 17
Kotler 12
Kouzes 38
Krauer 17, 38, 58, 63, 66
Kreikebaum 12, 64–65
Kretschmer 79
Kroeber-Riel 47
Krulis-Randa 12, 17, 48, 86–87
Krupinski 16
Kuhn 88
Küpper 15

L
Laufer 38, 44
Leberl 52
Lisowsky 30
Logsdon 28

Autorenverzeichnis

Löhr 16, 52, 60
Longenecker 95
Lorsch 97
Loucks 38
Luthans 32
Lutz 11, 55, 64

M
Mahari 79
McCoy 84, 109, 111
McMahon 12
Meffert 32–33, 63, 65
Meissner 12
Miles 31
Mitroff 44
Mohn 55
Molander 81–84
Moser 13
Müller-Jentsch 16
Müller-Seitz 52
Müri 36
Murray 19, 32, 84, 97

N
Nash 82, 99, 109, 115, 117
Nelson 16
Neubert 12
Newton 89
Nielsen 74

O
Oppenrieder 15, 51

P
Palmer 28
Pasquier-Dorthe 17
Pastin 69, 90
Paul 52
Peters 67, 86, 109
Petschenig 46, 53
Picken 88
Picot 31
Plattner 33
Posner 38, 65
Post 31, 109, 126
Probst 17
Pümpin 86
Purcell 62, 92–94

R
Raelin 82
Raffée 65
Randolph 65
Rebstock 51, 89, 92
Reder 12
Reidenbach 13
Ritter 26, 54
Robin 13
Röglin 56–59
Rosenstiel 47
Ruh 16, 65
Rühli 61, 66, 86, 92

S
Sathe 87
Saxton 86
Scherrer 52
Scheuch 55
Schmitz-Dräger 38
Scholz 86
Schrader 48
Schreuder 13
Schreyögg 89–90
Schröder 12
Schubert 32–33, 63, 65
Schultheiss 47, 54, 56, 58
Serpa 56, 77, 86
Sethi 14, 31
Silk 38
Sohn 14, 22
Solomon 20, 30, 81
Southwestern Graduate School 79
Spiegel 16
Staffelbach 16
Steger 16
Steiner 45–47
Steinmann 15–16, 52, 60, 79
Steuber 47
Stitzel 31
Stoner 56
Stroup 12
Strümpel 47

T
The Business Roundtable 38, 91
Thielemann 16
Thom 64
Thomas 31
Thommen 16, 53, 62, 92
Thompson 32

Toffler 61
Treviño 16

U Ulrich, H. 17, 25, 29
Ulrich, P.   12, 16, 24, 30, 43, 48–49, 51–53, 83, 89–90

V Velasquez 82, 101, 106
Vogel 38
Volk 47
von Moos 17, 19–20

W Walter 33, 65
Walton 14
Waterman 67, 86
Waters . 73–74, 77–78, 89, 92, 94, 98, 100, 106, 114

Watzlawick 36
Weber 53
Wehrli 12
Weitzig 52
Weller 85–86
Wicke 61, 63, 65
Wiedmann 17, 55–56, 65
Wilbur 14
Winter 65
Witte 52
Wittman 16
Wortman 65
Wunderer 52, 79
Wüthrich 86

Z Ziegler 16

Stichwortverzeichnis

A
Akzeptanz 60
    Erarbeiten der 59
Anspruchsgruppen . 20–22, 25, 27, 44, 50, 67, 70
    Analyse von 27
    Bestimmung der 26
    Differenzierung der 22
    -Identifikationskompetenz 67
    Interessen der 24
    kritische 70
    Strategie gegenüber 34
    strategische 22
    Systematisierung von 25
    Verhaltensstrategie gegenüber .. 36
Anspruchsträger 22
Arbeitsteilung 76
    horizontale 76
    vertikale 76

B
Bezugsgruppen 22

C
Code 79
    Ethical Code 79
    of Conduct 79

Commitment 97
Corporate
    Behavior 55
    Communications 55
    Design 55
    Identity 54
        -Mix 55
        -Strategie 54–55
    Image 55
    Monitoring 25
    Public Policy 31
    social performance 14
    social responsibility 14
Crisis Management 30

D
Dialog 37–38
division of work 76
dynamisches Denken 20–21

E
Eigenbeurteilung 68
Eigenverantwortung 37
Enterprise Strategy 31
Ethical Code 79
Ethics Advisor 93

Ethik 16, 30
  -Advokat 94
  -Audit 94
  -Beratungsstelle 93
  -Institutionen 92
    Beratungsfunktion 92
    Interpretationsfunktion 92
    Kontrollfunktion 92
    Schiedsrichterfunktion 92
    Schulungsfunktion 92
  -Komitee 92
    Anordnungsbefugnisse des 93
    Zusammensetzung des 93
    Zuständigkeitsbereich des 93
  kommunikative 49
  -Programm 96, 102, 105, 107
    Elemente eines 102
    Implementierung 98
  -Seminare 95
  Situations- 52
  utilitaristische 49
  Verantwortungs- 52
Ethikkodex 77, 79–84, 86, 110–111
  Adressaten 79
  Detaillierungsgrad 79
  Generalisierungsgrad 79
  Gültigkeitsbereich 81
  Gültigkeitsdauer 81
  Hypothesen zur Wirksamkeit 85
  Inhalt des 79
  Träger 80
  Zweck 81

F
Fähigkeitsverantwortung 62
freie Güter 42
Fremdbeurteilung 68
Frühwarnsystem 71

G
ganzheitliches Denken 17, 21
Glaubwürdigkeit 38, 41–44, 55, 68, 70, 81, 119
  als Leitmotiv unternehmerischen
    Handelns 43–44
  gegenüber Anspruchsgruppen 69
  systematische Erfassung der
    Glaubwürdigkeit 70

Glaubwürdigkeitsmatrix 68, 70
  als Frühwarnsystem 71
  zur Beurteilung unternehmerischen
    Verhaltens 70
  zur systematischen Erfassung der
    Glaubwürdigkeit 70
Glaubwürdigkeitsstrategie . 44–45, 66, 73, 78, 118–119, 125
  Implementierung der 73
  institutionelle Massnahmen der ... 96
  konstitutive Elemente 44
  Präventiv-Massnahmen 78
  Support-Massnahmen 78
Güter
  freie 42
  knappe 42

H
Handeln 44
  innovatives Handeln 44
  kommunikatives Handeln 44, 51
  verantwortliches Handeln 44, 63

I
Informationspolitik 58
Initiator 97
Innovationen 63, 66
  Produkt- 64
  Sozial- 64
  Verhaltens- 64
innovatives Handeln 63, 65–66, 78
Interessenausgleich, dialogischer 49
Interessenberücksichtigung,
  paternalistische 49
Interessengruppen 22, 119
Interventionen, staatliche 48
Issues 25
  -Management 28–31
  Societal- 25

K
kausale Verantwortung 61
Koagierer 37
kollektive Güter 42
Kommunikation 50, 56–59
  dialogische Form der 57
  echte 47, 56
  gemeinschaftliche Seite der 46
  interaktive 57
  menschliche Seite der 46
  offene 58

Stichwortverzeichnis

personale 56
technische Seite der 45
totale 58
Kommunikationsdefekt 46
Kommunikationskonzept 50
Kompetenz
   gruppendynamische 67
   kreative 67
   Kunden-Identifikations- 67
Konfliktaustragung 37
Konfliktlösung 51
Konsens, verbaler 38
Krisenmanagement 119, 125
Kunden-Identifikationskompetenz 67
Kundenorientierung 11

L langfristiges Denken 18–19, 21

M Management
   Crisis Management 30
   Issues Management 28
   konsensorientiertes 48, 50
   Public Affairs Management 31
Marketing, Societal 12
Mitarbeiter
   -auswahl 95
   -qualifikation 95
Monitoring 32, 54
   Corporate Monitoring 25

O Öffentlichkeitsarbeit ... 50, 53, 56, 58–59
   Prinzipien der 56
Ökomarketing 65
Ombudsmann 93
Organisation, innovationsfördernde ... 67
Organisationskultur 88
Organizational Blocks 74
   Arbeitsgruppenzusammengehörigkeit als 75
   Arbeitsteilung als 76
   Aufteilung der Entscheidungen als 75
   klare Befehlswege als 74
   starke Rollenschemen als 74
   unklare Prioritäten als 75
   Verhinderung externer Interventionen als 76

P Problemlösungsfähigkeit 37
Produktinnovationen 64
Produktionsfaktoren 41–42
Public Affairs Department 31
Public Affairs Management 31
Public Relations 54

R Rationalität, sozioökonomische 16
res publica 53
Responsibility 12, 48
   Corporate Social Responsibility ... 14
   Social Responsibility 12, 48
Responsiveness 48
   Social Responsiveness 48
Rollen-Verantwortung 62

S Selbsterkenntnis 37
Selbstreflexion 37
Shared Values 86
Situationsethik 52
Social
   Audit 94
   Obligation 14
   perfomance 14
   Responsibility 12, 14, 48
      Corporate social responsibility . 14
   Responsiveness 14, 48
Societal Issues 25
Societal Marketing 12
Soziale Verantwortung 12–13, 48
Sozialinnovationen 64
sozioökonomische Rationalität 16
Stellenbeschreibung 95
Strategie
   Enterprise Strategy 31
   gegenüber Anspruchsgruppen 34
Strategische Anspruchsgruppen 22

T Teamarbeit 88
Toleranz 37

U Umweltorientierung 11, 23
unternehmerisches Denken 17, 21, 44
unternehmerisches Handeln
   Bewertung des 69
   direkte Befragung zum 69
   interne Selbsteinschätzung zum ... 69

V

Unternehmungsethik,
　　Erfolgsfaktoren der 106, 117
Unternehmungskultur 77, 84, 86
　　Definitionen zur 87
Unternehmungsverfassung 52

Value Formulators 89
Value Maintainers 89
Value Translators 89
Verantwortung 37, 48, 60–61, 63
　　Fähigkeits- 62
　　gesellschaftliche 12
　　kausale 61
　　konsensorientierte soziale 48
　　Rollen- 62
　　soziale 12, 48
Verantwortungs-
　　-begriff 49, 61
　　　　dialogischer 49
　　　　monologischer 49
　　-ethik 52
　　-fähigkeit 49
　　-losigkeit 49
Verfahrensinnovationen 64
Verfahrensordnung 52
Verhaltenskodex 79

W

Verhaltensweisen 34
Verständigung, dialogische 51
Verständigung, diskursive 49
Vor-leben 97

Wertberücksichtigungspotential,
　　sozialökonomisches 48
Werte, gemeinsame 86
　　als Abgrenzung nach aussen 87
　　als Identifikationsobjekt 87
　　als Orientierungshilfe 87
　　Bindungsfunktion der 88
　　Kohäsionsfunktion der 87
　　Kooperationsfunktion der 88
　　Krisenbewältigungsfunktion der .. 88
　　Motivationsfunktion der 87
　　zur Reduzierung des
　　　　Konfliktpotentials 88
Wertewandel 20
Wertsystem 67
Wertvorstellungen 87
Wettbewerbsfähigkeit 16

Z

Zielkonflikte 17

Der Autor

Jean-Paul Thommen, Dr. oec. publ., o. Professor für Betriebswirtschaftslehre, insbesondere Organisation und Personal, an der European Business School, Schloss Reichartshausen in Oestrich-Winkel (Deutschland), Privatdozent der Universität Zürich.

Nach dem Studium an der Universität Zürich arbeitete Jean-Paul Thommen als Assistent und Oberassistent am Institut für betriebswirtschaftliche Forschung der Universität Zürich bei Prof. Dr. Edwin Rühli. 1989 wechselte er als Vollamtlicher Dozent an die Universität St. Gallen. 1993 bis 1995 Assistenzprofessor für Betriebswirtschaftslehre und Direktor des NDU – Nach-Diplom in Unternehmungsführung/Executive MBA der Universität St. Gallen.

In den letzten Jahren Lehraufträge an verschiedenen Universitäten im In- und Ausland (Freiburg i.Br., Freiburg i.Ü., Konstanz, St. Gallen, Zürich) sowie Weiterbildungskurse für Firmen und Verbände. Forschungsschwerpunkte: Allgemeine Betriebswirtschaftslehre, Organisation, Personal, Unternehmungsethik.

ABC
De la fontaine

Für Jean-Paul!

A   Gern hätte ich einen vom Abendwind geblähten Vorhang in diesem Bild. Du weisst, es gab keinen. In der Nacht in A. mit O. In der Nacht die Nähe des Brunnens, der tagsüber schwieg, weil O. und ich gelärmt hatten. Wenn ich jetzt im Dunkeln den Arm durchs sperrangelweitoffene Fenster ausstreckte, plätscherte der Brunnen durch den Raum und machte das Einschlafen wonnevoll kurz. Sein plauderndes Geplätscher war die Ordnung der Welt und zugleich Verheissung, mich beim Erwachen wiederzufinden in ihr.

B   Der Mann trinkt am Brunnen. Er steht auf einem Platz. Nicht in der Mitte. Am Rand. Tief bückt er sich zum Strahl. Lange. Lange schon strömt überall Regen. Vergeht das All in Tränen. Woher der Durst des Menschen, der ertrinkt?

C   Ich hüte das Geheimnis. Ich sah die zwei, die am Brunnen sitzen. Nicht Namenlose, nicht aber die Lieben der Piazza Scipione Borghese, nicht Sacro und Profano, soviel verrate ich. Es könnten Geschwister sein und blicken in den tiefen Brunnen hinab. «Dem Ersten die Bilder, dem Zweiten die Sprache», raunt ein Drittes, die Flut.

Michael Wyss, luglio romano 1996

Der Künstler

Michael Wyss wurde 1952 in Luzern geboren. Studium an der Kunsthochschule Berlin und Germanistikstudium an der Freien Universität Berlin. 1980 Meisterschüler bei Prof. Wolfgang Petrick. Michael Wyss lebt und arbeitet seit 1983 in Zürich. Aufenthalte in Rom, Paris und New York.

Das Umschlagbild stammt aus der vierteiligen Serie «An der Quelle». Die Zeichnungen sind den Skizzenbüchern «Saint Sauveur» und «Penelope» entnommen.

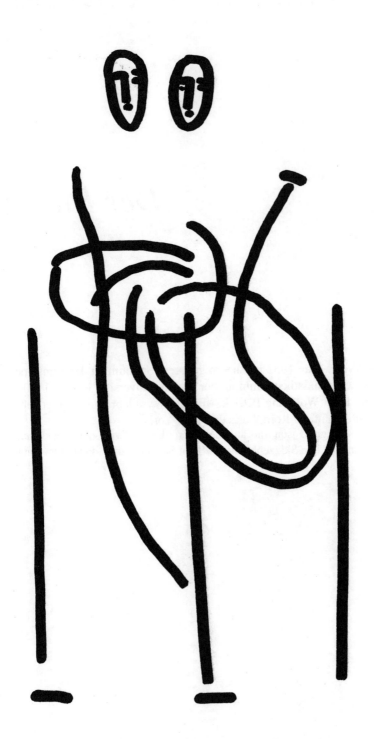